A comunicação na educação

Conselho Acadêmico
Ataliba Teixeira de Castilho
Carlos Eduardo Lins da Silva
Carlos Fico
Jaime Cordeiro
José Luiz Fiorin
Tania Regina de Luca

Proibida a reprodução total ou parcial em qualquer mídia
sem a autorização escrita da editora.
Os infratores estão sujeitos às penas da lei.

A Editora não é responsável pelo conteúdo deste livro.
O Autor conhece os fatos narrados, pelos quais é responsável,
assim como se responsabiliza pelos juízos emitidos.

Consulte nosso catálogo completo e últimos lançamentos em **www.editoracontexto.com.br**.

Jesús Martín-Barbero

A comunicação na educação

Copyright © 2014 do Autor

Todos os direitos desta edição reservados à
Editora Contexto (Editora Pinsky Ltda.)

Montagem de capa e diagramação
Gustavo S. Vilas Boas

Tradução
Maria Immacolata Vassallo de Lopes
Dafne Melo

Preparação de textos
Lilian Aquino

Revisão
Elza Maria Gasparotto

Dados Internacionais de Catalogação na Publicação (CIP)
(Câmara Brasileira do Livro, SP, Brasil)

Martín-Barbero, Jesús
A comunicação na educação / Jesús Martín-Barbero;
tradutoras Maria Immacolata Vassallo de Lopes e Dafne Melo. –
São Paulo : Contexto, 2023.

Título original: La educacíon desde la comunicacíon.
Bibliografia.
ISBN 978-85-7244-825-3

1. Comunicação 2. Educação 3. Integração social I. Título.

13-12432   CDD-306.43

Índice para catálogo sistemático:
1. Educação e comunicação : Sociologia educacional   306.43

2023

EDITORA CONTEXTO
Diretor editorial: *Jaime Pinsky*

Rua Dr. José Elias, 520 – Alto da Lapa
05083-030 – São Paulo – SP
PABX: (11) 3832 5838
contato@editoracontexto.com.br
www.editoracontexto.com.br

SUMÁRIO

INTRODUÇÃO..7

ALFABETIZAR EM COMUNICAÇÃO.............................17
   Pedagogia da palavra em ação...................................19
   A incomunicação como herança cultural..................22
   Textura dialógica da comunicação.............................29
   Desconstruindo o mundo a partir da linguagem......38

O LIVRO E OS MEIOS: CRÍTICA DA RAZÃO DUALISTA.......43
   Do desencanto radical ao dualismo metafísico........45
   Pluralização dos alfabetos e das leituras...................51
   Os múltiplos deslocamentos do livro........................57
   Transformações sociotécnicas dos meios.................66

RECONFIGURAÇÕES COMUNICATIVAS DO SABER E DO NARRAR.................77

O que significa *saber* na era da informação?.................79

As oralidades culturais perduram e também mudam.................91

Velhos e novos regimes de visibilidade.................102

CIDADE EDUCATIVA: DE UMA SOCIEDADE COM SISTEMA EDUCATIVO A UMA SOCIEDADE DE SABERES COMPARTILHADOS.... 119

Mudanças que deslocam a escola.................121

Novo sentido do conhecimento e os sujeitos da educação.................125

A escola interpelada pela cidade ou os novos modos de *estar juntos*.................132

Um mapa-projeto.................139

BIBLIOGRAFIA.................147

O AUTOR.................157

INTRODUÇÃO

Escrevo esta introdução enquanto ocorre em Porto Alegre o II Fórum Social Mundial (2002), esse estranho cenário em que o mundo da política transforma-se em utopia política do mundo, incluindo não só o dos territórios, mas também o dos mundos de vida. Nesse ano, tanto a comunicação como a educação passaram a ter uma presença não meramente temática, mas articuladora, estratégica. Convergem aí, nessa *outra mundialização possível*, esforços que vinham das grandes reuniões dos anos 1990 – Rio, Pequim – sobre a educação permanente *ao longo da vida*, a generalização de uma formação inicial polivalente, os avanços da informação e a comunicação comunitária, tanto direta como virtual. Buscas e propostas que se confrontam com as tendências e recomendações dominantes que emanam dos organismos econômicos mundiais – OMC, FMI, BM –, que submetem à lógica globalizadora do mercado a cultura, a educação e a comunicação. A educação deve, segundo

A COMUNICAÇÃO NA EDUCAÇÃO

essa lógica, ser concebida e organizada em função do mercado de trabalho, já que o que importa é a acumulação de capital humano medido em termos de custo/benefício como qualquer outro capital. Do que se derivam exigências muito concretas no que concerne à figura do trabalhador ou profissional a ser "formado" em função da *empregabilidade* – novíssima categoria hegemônica –, que conjuga flexibilidade, adaptabilidade e competitividade. No âmbito mais imediato, essas recomendações têm tido dois efeitos catastróficos: o lento, porém irrefreável e multiforme, desmantelamento da escola pública, debilitando-a economicamente, desconectando-a do desenvolvimento da ciência e da tecnologia, desvalorizando o ofício e a figura social do professor do ensino fundamental e médio; e um segundo efeito devastador: colocar muitos países na disjuntiva – ou financiar a educação ou pagar a dívida externa.

Por sua vez, a comunicação, que tem representado um papel decisivo tanto na infraestrutura tecnológica da globalização como na mundialização do imaginário e do ideário neoliberais de desregulação do mercado e deslegitimação do espaço e do serviço públicos (Ford, 1999, 2001), é apresentada em Porto Alegre como um lugar de uma dupla perversão e uma dupla oportunidade ao mesmo tempo. Perversões: primeira, a que provém da conformação de megacorporações globais – são somente sete as que dominam o mercado mundial: Time Warner, Disney, Sony, News Corporation, Viacom, NBCUniversal e Bertelsmann –, cuja concentração econômica se traduz em um poder cada dia mais incontrolável de fusão dos dois componentes estratégicos, os veículos e os conteúdos, com a consequente capacidade de controle da opinião pública mundial e a imposição de moldes estéticos cada dia mais "baratos"; segunda, a que foi introduzida

8

pelos acontecimentos de 11 de setembro de 2001, carregada de controles e ameaças às liberdades de informação e expressão até o ponto de colocar em sérios riscos os mais elementares direitos civis nesse campo, ao mesmo tempo que se legitimam por meio dos imperativos da "segurança", na verdade as mais brutas e descaradas formas de manipulação e distorção informativas. Oportunidades: primeira, a que abre a digitalização, permitindo uma *linguagem comum* de dados, textos, sons, imagens, vídeos, desmontando a hegemonia racionalista do dualismo que até agora opunha o inteligível ao sensível e ao emocional, a razão à imaginação, a ciência à arte, e também a cultura à técnica, o livro aos meios audiovisuais; segunda: a configuração de um novo espaço público e de cidadania nas e a partir das redes de movimentos sociais e de meios comunitários, como o espaço de cidadania que tem feito o possível, sustenta e conforma o próprio Fórum Social Mundial. É óbvio que se trata de *embriões de uma nova cidadania e um novo espaço público*, configurados por uma enorme pluralidade de atores e leituras críticas que convergem para um compromisso emancipador e uma cultura política na qual a resistência é, ao mesmo tempo, forjadora de alternativas.

Este livro *põe juntos* temáticas e materiais muito diversos, cuja relação está nesse mínimo de utopia sem a qual a crítica é mera queixa, muito mais impregnada de nostalgia que de futuro. E sobre umas poucas convicções provenientes tanto das leituras como da própria, já longa, experiência do educador. O esquema aqui, já de entrada, de algumas convicções, preocupações e ideias de fundo, que atravessam e tensionam a reflexão que este livro expõe, pode ajudar a não se perder nos detalhes ou nas apreciações mais conjunturais e polêmicas.

A primeira dessas convicções é que a educação já não é pensável a partir de um *modelo escolar* que se encontra ultrapassado tanto espacial como temporalmente por concepções e processos de *formação* correspondentes às demandas da *sociedade em rede* (Castells, 1998), essa segunda modernidade que nos introduz na era informacional. Hoje, "a idade para aprender são todas", e o lugar pode ser qualquer um – uma fábrica, um hotel, uma empresa, um hospital –, os grandes e os pequenos meios ou a internet. Estamos passando de uma sociedade com sistema educativo a uma sociedade educativa, ou seja, cuja rede educativa atravessa tudo: o trabalho e o ócio, o escritório e o lar, a saúde e a velhice. Somente na Espanha já existem 20 mil idosos, com idade entre 60 e 85 anos, estudando em programas universitários nos quais não só milhares de pessoas formam-se em ciências e artes, "fora da idade", mas também por fora dos requisitos e modalidades curriculares, ou seja, construindo um experimento para o desenho de novas formas de aprendizagem.

Uma segunda preocupação-chave é a de não pensar de forma maniqueísta as duas dimensões que tensionam mais fortemente a educação hoje: aquela que a vincula com a cultura, e que Hannah Arendt (1965) já colocou no centro da renovação sociopolítica do pós-guerra, a *transmissão da herança cultural* entre gerações, a conversação dos jovens com a herança cultural acumulada ao longo de, pelo menos, 25 séculos; e a outra, a *capacitação,* a formação de capacidades, destrezas e competências que permitam aos alunos sua inserção ativa no campo de trabalho e profissional, que, como antes apontávamos, é reivindicada como central pelas agências do mercado, mas que não por isso deve ser menosprezada, ainda que deva ser radicalmente reorientada em seu sentido e seu alcance, para que essa capacitação seja compatível tanto com o diálogo cultural como com uma outra terceira função, mesmo assim indispensável: a *formação de cidadãos*, de pessoas capazes de pensar com suas cabeças e de participar ativamente na construção de uma sociedade justa e democrática.

A terceira convicção concerne à necessidade de fortalecer a *escola pública*. Ela se converteu no barômetro mais fiel do modelo de Estado que adotam os países. Pressionado pelas diretrizes neoliberais, o Estado encontra-se dedicado à gestão de conflitos sociais, controlando os riscos da explosividade social que produz a própria globalização, não podendo, portanto, projetar minimamente a educação a partir de uma política estratégica e de longo prazo.

Isso está convertendo a educação em algo que pertence à classe dos "fardos" que o Estado deve suportar e atender, por certo desde o imediatismo das reivindicações e protestos do setor. A contradição entre o papel estratégico da educação na sociedade informacional e o tratamento que a escola pública – do ensino básico à universidade – recebe atualmente na América Latina não faz senão agravar a desestabilização das instituições democráticas, ameaçando a própria viabilidade de nossos países como nações. Entretanto, a escola pública é, majoritariamente, em nossos países (Tedesco, 2000; Hopenhayn e Ottone, 2000) o espaço de encontro das trajetórias socioculturais das maiorias e, portanto, é nela que se produz a mais ampla e permanente transformação da cotidianidade social e cultural cujos protagonistas são os excluídos. Daí também que essa escola possa e deva ser o lugar mais aberto do desenvolvimento da inteligência coletiva e das biografias educativas.

E uma quarta convicção, referente ao papel da tecnologia. Se, como afirma Castells (1998: 33), "a tecnologia (ou sua carência) plasma a capacidade das sociedades de transformar-se, assim como os usos a que essas sociedades decidem dedicar seu potencial de inovação", o certo é que até agora a presença da tecnologia comunicativa e informática na escola não plasma transformações nem incentiva a inovação. Segundo o estudo *Learning to Change: ICT in Schools* [*Aprendendo a mudar: as TICS nas escolas*], da Organização para a Cooperação e Desenvolvimento Econômico (OCDE), ainda que a maior parte dos centros escolares primários e secundários europeus já disponha de conexão à internet, sua utilização continua escassa e quase nunca se produz *dentro da aula*. Localizada no exterior do modelo pedagógico e comunicativo, a tecnologia só pode contribuir para modernizar a "decoração" do ensino, e não para a transformação radical das estruturas ou metodologias, tampouco para as práticas de aprendizagem. Sobretudo em sociedades como as nossas, nas quais a *mentalidade* escolar continua colocando a tecnologia não somente fora da sala de aula, mas também fora da Cultura. *Cultura*, com maiúscula, claro, que continua nomeando o âmbito das letras (e não todas, só as "belas") e as artes, ainda que nem todas, somente as socialmente legitimadas pela crítica especializada. Tanto a tecnologia como a ciência parecem pertencer escolarmente ao humanisticamente difamado âmbito da "razão instrumental" e de modo algum ao da inteligência compreensiva ou da expressiva. E assim vamos: a América Latina conta com um bom número de prêmios Nobel em literatura, mas quantos em ciências?

Partindo do debate produzido na Europa pelo "panfleto" *Regras para o parque humano*, no qual Peter Sloterdijk (2001)

INTRODUÇÃO

faz uma crítica feroz daquela tradição *humanista* da educação que consistiu em fazer dos povos "organizações alfabetizadas, unidas sob juramento a um cânone de leitura vinculante de cada espaço nacional", e cuja finalidade primordial era *amansar a inata ferocidade humana*, Fernando Savater (2001) escandaliza mais uma vez o mundinho acadêmico com seu modo libertário de *questionar* a educação, isto é, de interrogá-la e colocá-la em questão. O que ela põe, afinal, em jogo hoje? A constatação é que o modelo humanista de educação, baseado na leitura de livros, ficou gravemente defasado no que se refere aos medos, às angústias e aos sonhos que hoje temos. Savater (2001) faz esta proposta contundente: nem os livros, por melhores que sejam, nem os filmes, nem a telepatia mecânica, mas sim o semelhante que se oferece corpo a corpo à devoradora curiosidade juvenil; essa é a educação humanista, a que desvenda criticamente em cada mediação escolar (livro, filmagem, ferramenta comunicativa) o bom que existe no mau e o mau que se oculta no mais sublime. Porque o humanismo não se lê nem se aprende memorizando, mas por contágio. Mas seja como for, os livros não têm culpa, nem são a solução.

Em seu livro *Hominescence*, Michel Serres (2001), a propósito da filosofia, aponta na mesma direção: demasiado embebida em seu passado, pensa o novo como se fosse velho, tornando-se incapaz de ajudar a construir um mundo-lar para as novas gerações. A partir dessa filosofia, não se pode pensar que hoje o que está em jogo não é o processo de humanização do mundo, mas sim o próprio processo de *hominização*, isto é, de *mutações na condição humana*. Com o que elas implicam, tal como em outros momentos de época,

13

A COMUNICAÇÃO NA EDUCAÇÃO

de possibilidades de emancipação ao mesmo tempo que de catástrofe planetária. Mas o que diferencia o momento que vivemos, e que leva Serres a propor um homem novo, *hominiscência* – por sua proximidade semântica com esse estado peculiar que chamamos de incandescência, efervescência ou adolescência –, é a imersão de nosso corpo em um espaço e tempo novos no sentido de que já não derivam da *evolução seletiva*, mas que estão sendo introduzidos pela *mutação produzida* pela técnica do homem, tanto na biologia genética como na comunicação-tecido da socialidade. Daí vem a urgência de uma *reeducação em humanidade*, de um outro tipo de aprendizagem que permita aos humanos decifrar, junto ao mapa do genoma que traça os avatares e resultados de nossa evolução biológica, esse outro mapa que desenha nossos sonhos/pesadelos de imortalidade individual e coletiva, nossa utopia de comunidade solidária, agora, como nunca, contraditória, já que junto à sua crescente capacidade de erradicar, em escala mundial, as discriminações que nos destroçam, o que hoje se projeta é um acúmulo maior de violências e exclusões até fazer/deixar morrer, de fome e outras misérias, três quartos da humanidade.

Fiel a esse "programa" traçado através de Porto Alegre, Savater e Serres, este livro dedica sua primeira parte a realocar a educação na comunicação, e para isso revisita a alfabetização em comunicação, que projetou a pedagogia de Paulo Freire. Para não poucos, essa visita parecerá um anacronismo, e o é, mas é daqueles que desestabilizam o presente, condição indispensável para que possamos romper o ensimesmamento do agora e construir o futuro. A segunda parte agarra pelos chifres o prestigioso profetismo da decadência cultural, que acredita poder nos salvar da nova barbárie midiática refugiando-se no livro, e o coloca em debate, tanto com a história como com a densa ambiguidade do agora. A terceira parte traça um mapa dos desafios feitos à educação pela acelerada reconfiguração comunicativa dos saberes e narrativas, em especial os saberes e as narrativas emergentes que a escola preconceituosamente desvaloriza e deixa de fora, quando é a partir deles que se torna possível vislumbrar e assumir a envergadura cultural das mutações que atravessa a sociedade-mundo na alvorada deste desconcertado e desconcertante segundo milênio. E na quarta parte – que aparece pela primeira vez nesta edição – apresentam-se as chaves de uma pesquisa sobre processos e práticas de leitura-escrita fora da escola e associadas ao desenvolvimento social e cidadão. Realizada em cinco países da América Latina (incluindo o Brasil) e Espanha, essa pesquisa estuda a leitura-escrita que não é vista como objetivo final, mas sim como um modo de inserção dos aprendizes no mundo da criatividade, da atividade profissional e da participação política.

ALFABETIZAR EM COMUNICAÇÃO

Acostumados, como estamos, a confundir a comunicação com os meios e a educação com seus métodos e técnicas, nós, estudiosos desses *campos,* padecemos com frequência não só de uma forte esquizofrenia, mas também de uma flagrante falta de memória. Ambas convergem em nos fazer esquecer que o primeiro aporte inovador da América Latina à teoria da comunicação produziu-se no e a partir do campo da educação: a *pedagogia* de Paulo Freire. Aquela que, partindo da análise do processo de esvaziamento de sentido que sofre a linguagem nas técnicas normalizadas da alfabetização, traça um projeto de prática que possibilite o desvelamento de seu próprio processo de inserção no (e apropriação do) tecido social e, portanto, de sua recriação. Pois é só lutando contra sua própria inércia que a linguagem pode se constituir em palavra de um sujeito, isto é, *fazer-se pergunta* que instaura o espaço da comunicação. Por isso, Freire chamará de *palavra geradora* aquela que, ao mesmo tempo que ativa/desdobra a espessura de significações sedimentadas nela pela comunidade dos falantes, torna possível a geração de novos sentidos que possam reinventar o presente e construir o futuro.

PEDAGOGIA DA PALAVRA EM AÇÃO

> A importância do silêncio no espaço da comunicação
> é fundamental. Ele me permite, por um lado, escutar a
> fala comunicante de alguém, como sujeito e não como
> objeto, *entrar* no movimento interno do seu pensamento,
> transformando-me em linguagem; por outro lado, torna
> possível a quem fala, realmente comprometido com o
> *comunicar* e não com fazer *comunicados*, ouvir a dúvida,
> a indagação, a criação daquele que escuta. Fora disso,
> a comunicação perece... Pois ensinar não é transferir
> conhecimento, mas criar as possibilidades para a sua
> própria construção.
>
> Paulo Freire

Ao mesmo tempo que vinculou o sentido da comunicação à geração de uma linguagem capaz de nomear o próprio mundo, Freire colocou esse projeto no mundo: de Argel a Estocolmo, isto é, tanto no terceiro como no primeiro mundo, um grande número de pensadores e educadores se reconheceram intelectual e politicamente nesse projeto educativo. O que deixa claro que não se tratava de um projeto para as pessoas dos países subdesenvolvidos, mas, ao contrário, de uma das primeiras propostas culturais, não literária, capaz de interpelar, *a partir* da América Latina, intelectuais de todo o mundo. A isso chamo, sem qualquer chauvinismo, de primeira teoria latino-americana de comunicação, uma vez que não só tematizou práticas e processos comunicativos desses países, como também levou a América Latina a se comunicar consigo mesma e com o resto do mundo.

Escrevo isto no início de 2002, pois necessitava de um distanciamento que apenas o tempo é capaz de proporcionar para me atrever a começar com um texto tomado de minha tese de doutorado não publicada, em que expus o conceito de *mediação*. Venho trabalhando com esse conceito desde o começo dos anos 1980, mas sua *origem*, dentro do meu pensamento, não era então muito clara. Até o dia em que, procurando na minha tese referências bibliográficas, encontrei escrito na página 160: "Pensar o acontecimento como *práxis* exige ir além das *formas* para entrever as *mediações* que religam a palavra à ação e constituem as chaves do processo de liberação". Hoje posso afirmar que a leitura dos textos de Freire – sobre os quais fiz um trabalho para o seminário "Semântica da ação", junto a Paul Ricoeur em 1970 – constituiu uma das bases de minha tese, cujo próprio título, *A palavra e a ação*, claramente atesta e enuncia vários parágrafos como este de sua introdução:

> A palavra explicita a consciência que vem da ação, e feita pergunta, penetra a espessura sólida da situação, rompe o feitiço da passividade frente à opressão. Se a palavra sozinha é impotente, a ação sozinha é estéril, a imagem do futuro se engendra entre as duas: a palavra desenha a utopia que as mãos constroem e o pedaço de terra libertada torna verdade o poema.

Transformando o olhar fenomenológico, o traçado pedagógico de Paulo Freire constrói uma pragmática que, convergindo sobre a capacidade performativa da linguagem – no sentido que a entendem Austin e Searle –, incorporava a análise da "ação da linguagem" a um programa de ação: a aprendizagem da língua, especialmente na alfabetização de adultos, convertida em processo de libertação da própria palavra. Aí estava esboçado um bom pedaço do caminho que, passado o tempo, me levaria ao meu próprio projeto e programa de investigação neste campo: *pensar a comunicação a partir da cultura*. Projeto que, apoiado na análise de Freire sobre a opressão interiorizada pelas sociedades latino-americanas, inseria essa análise na concepção gramsciana de hegemonia como processo vivido, isto é, feito não somente de forças, mas de sentidos. É o que me levou a afirmar que compreender a comunicação implicava investigar não só as artimanhas do dominador, mas também tudo aquilo que no dominado faz a favor do dominador, ou seja, as múltiplas formas da cumplicidade de sua parte e a sedução que acontece entre ambos. Foi a mistura de Gramsci com Freire que me ensinou a pensar a comunicação, ao mesmo tempo, como processo social e como campo de batalha cultural. E é por isso que creio estar fazendo justiça ao pensamento latino-americano inovador na comunicação ao iniciar este livro com um emaranhado de fragmentos de minha tese de doutorado, cuja estrutura se assenta sobre três conceitos-chave, desenvolvidos em cada uma de suas partes: a objetivação ou o nível das *estruturas,* a passagem obrigatória pelas formas objetivas em que a linguagem articula o sentido da ação; a autoimplicação ou o nível dos *sujeitos,* a ação e a palavra enquanto espaços entrelaçados dos quais emerge a experiência originária do homem, sua constituição em ator e em autor; a comunicação ou o nível das *mediações*, a linguagem e a ação enquanto modos de estar no mundo e de interação entre os homens.

A presente edição deste capítulo, escrito originalmente entre 1969 e 1972, buscou manter ao máximo a fidelidade a um vocabulário que, ainda que atualmente soe estranho a alguns ouvidos, é resultado inseparável do *acento político* daqueles anos, e em cuja entonação utópica bate aquela *nostalgia árdua* sobre a qual falara Walter Benjamin ao enunciar sua maneira peculiar de entender o "a contratempo" em que trabalha o movimento de emancipação.

A INCOMUNICAÇÃO
COMO HERANÇA CULTURAL

> O índio mudo dava voltas ao nosso redor e ia para a montanha, para o cume da montanha, para batizar seus filhos. O negro, policiado, cantava na noite a música de seu coração, só e desconhecido, entre as ondas e as feras. O camponês, o criador, revoltava-se cego de indignação contra a cidade desdenhosa, contra a sua criatura.
>
> José Martí

As estruturas da dependência penetram toda a sociedade e, consequentemente, o âmbito da cultura. Mas a compreensão dos processos e dos fenômenos de dependência cultural da América Latina não pode ser explicada a partir da forma da dominação atual; precisamos pensar o que ela tem de "herança cultural" (Galeano, 1971: 36). Pois na história da conquista espanhola não há só uma aventura política ou uma empresa comercial, mas uma batalha cultural. A violência nua da guerra, a destruição material, a confiscação econômica e a escravização dos indígenas foram acompanhadas da e apoiaram-se na violência subjacente ao processo de *aculturação*, mediante o qual a cultura da minoria dominante foi proposta como modelo para a maioria dominada (Wachtel, 1972: 135): os índios viam seus deuses morrerem a cada dia através da destruição de seu universo social e mental. Com a ruptura desse universo as categorias que o homem usava para conhecer e habitar o mundo já não lhe serviam mais. E quando o mundo, em que o trabalho não constituía uma categoria especial de atividade, viu-se submetido ao predomínio do valor econômico, o homem passou a se sentir obrigado a abandonar seus valores e suas práticas, sua percepção do espaço e do tempo, seu modo de vida.

Uma cultura do silêncio

Paulo Freire chama de *cultura do silêncio* ao conjunto de pautas de ação e esquemas de pensamento que conformaram a mentalidade e o comportamento dos latino-americanos desde a conquista. Edificadas sobre a *senhoria* da terra, sobre o poder do *senhor,* que se estendia da terra às pessoas, as sociedades latino-americanas consagraram a figura do patrão e seu poder:

> Poder dos senhores da terra, dos governadores, dos capitães, dos vice-reis. Dessa maneira vivemos nosso período colonial sempre pressionados. Quase sempre impedidos de crescer, impedidos de falar. A única voz que se podia escutar no silêncio a que fomos submetidos era a voz do púlpito. (Freire, 1967: 111).

Mas a voz do púlpito normalmente não fazia nada mais do que reforçar a dominação da consciência com sua linguagem de resignação e providência, da vontade de Deus e pecado de rebeldia. Século após século, a opressão foi moldando a consciência; o mutismo e a passividade interiorizaram-se até o ponto em que "o oprimido viu no opressor seu testemunho de homem" (Freire, 1970: 42). A essência dessa alienação não se encontra tanto na introdução de valores e ideias que deformam a percepção da realidade quanto na desvalorização radical da própria existência pela negação do mundo em que ela se apoiava. Despossuído de sua terra, seus costumes, suas tradições, invadido no interior mesmo de seu ser pelos valores do colonizador, *o colonizado se sente estranho, estrangeiro em sua própria terra*, impelido a desprezar a si mesmo, sua linguagem, sua cultura (Memmi, 1967).

Mas a alienação nunca é total, nem a consciência dominada deixa de ser consciência, e a submissão é menos aceitação que impotência. De forma que se foi na "educação" onde lentamente a situação de força se transformou em situação de fato, legítima e legitimada pelos mesmos oprimidos, será em *outra educação* a possibilidade de fazer explodir a situação ao subverter os códigos da humilhação e da submissão.

O ontem parece se encontrar longe, mas está tão perto que é possível tocá-lo no cansaço e desencanto dos camponeses desses países enganados uma e outra vez. Tentou se substituir o mutismo total do início por uma voz emprestada, aquela que proporcionava a escola. Uma escola que foi, e continua sendo, em geral, o lugar do controle mais sutil da e pela palavra. Nascido seletivo e aristocrático, Dom Simón Rodriguez, por ter estabelecido que nas escolas se ensinassem, juntamente com a leitura, a escrita e os números, os ofícios manuais como alvenaria, carpintaria, serralheria e carpintaria, foi expulso da

ALFABETIZAR EM COMUNICAÇÃO

Bolívia pelas famílias da "sociedade", pois não queriam ver seus filhos convertidos em "humildes artesãos", mas sim em literatos, doutores e tribunos (Gelinas, 1971: 13-26) – o sistema educativo latino-americano continua sendo igual em grande medida, apesar de todas as "reformas". Campanhas massivas de alfabetização de adultos ou classes universitárias, as diferenças de grau ou de técnicas deixam ainda à vista o modelo com que trabalham os velhos mitos. Com a indústria e a técnica nascem novos *senhores*, novos tipos de patrões, mas o tom é o mesmo: "ao fatalismo da natureza, das chuvas e do destino, sucederá a religião do progresso, da renda *per capita* e da eficácia milagrosa. Nesta religião o novo pecado será o espírito crítico, a superação da disseminação silenciosa dos marginalizados, a organização e a ação política" (Silva, 1972: 10).

A escola continua consagrando uma linguagem retórica e distante da vida, de suas penas, suas ânsias e suas lutas, tornando absoluta uma cultura que asfixia a voz própria, transmitindo "a visão que a minoria dominante tem da história nacional, seu culto dos heróis, seus ódios e seus entusiasmos, seus mitos e seus preconceitos que ficaram como conteúdo das cartilhas que metodicamente soletram os estudantes de todo o país" (Restrepo, 1970: 7). Não é por acaso que tenha sido na América Latina onde Ivan Illich viveu a experiência que fez brotar seu lúcido e utópico protesto contra a escola como uma "nova religião" (Illich, 1971), essa em que os pobres depositam sua esperança de salvação. Mas a escola salva apenas uma minoria e em contrapartida continua a ensinar que aquele que chega mais longe nos estudos tem direito a mais dinheiro, mais privilégios, uma posição social melhor, continua estigmatizando o rebelde, que tem muita imaginação, o criador, fabricando esse homem-série que nunca vai além dos modelos estabelecidos e cuja máxima aspiração é *adaptar-se*. Se tudo isso não é exclusivo do sistema escolar latino-americano, maior carga de injustiça está onde o direito à escola é identificado com o direito à palavra e onde esse direito continua sendo desfrutado por poucos. A cultura escolar prolonga *a cultura do silêncio*. Asfixiada ou domesticada, a palavra do povo, a palavra pública, continua marginalizada ou é tornada funcional.

Língua sem povo

A dominação habita a linguagem através de dispositivos de neutralização e amordaçamento da ação – do trabalho – contida na palavra. O gosto pela palavra oca, pelo rebuliço e pelo palavrório não é nada mais do que a outra face do mutismo profundo que se expressa na ausência de participação e decisão. Repete Freire "não havia povo". A ação é dita em uma linguagem falsa quando a própria ação responde à realidade de uma sociedade de aparências, de uma industrialização dependente que coexiste com o latifúndio e instituições políticas tão formais e ocas como a retórica em que se expressa.

Os estudos do peruano Salazar Bondy e do uruguaio Methol Ferré registraram a história dessa ficção que tem sido em boa parte a chamada "filosofia latino-americana": importação das ideias da ilustração, de um anacrônico romantismo e um desvalorizado positivismo. "Vivemos de um pretenso ser", diz Salazar Bondy (1970: 17), daí que nossas instituições, as formas de conduta, os costumes coincidam muitas vezes com essa "entidade ambígua" que somos. Democracia "de ficção", liberdade de imprensa, administração da justiça, padrões de moralidade ou valores sociais "de ficção"!

Distanciadas por um abismo das massas empobrecidas e analfabetas, as elites aristocráticas e literárias sempre tiveram uma espécie de horror à *matéria* e mantêm-se propensas às filosofias *espiritualistas*, desconectadas do processo de investigação da natureza. Apenas com o positivismo se iniciará uma tentativa de ruptura, que será absorvida em seguida por uma nova onda de pseudo-*humanismo* com que se reagirá contra os "extremismos positivistas", distanciando-se das questões decisivas relacionadas à constituição do saber científico e tecnológico. "Sob novas modalidades a '*res* pensante' desalojava a '*res* extensa'" (Ferré, 1969: 7). Na relação homem-homem não mediava a natureza.

A história da América Latina é a de um longo e denso processo de incomunicação. Incomunicação, primeiro, entre os diferentes passados, o que teria permitido decifrar a conquista e a colônia como processo histórico e não como fatalidade de um destino. Aprisionados em uma história em que somente houve próceres e soldados, mas não *povo*, os dominados se verão incapazes de reconhecerem-se a si mesmos no processo histórico que fez deles primeiro escravos e depois dependentes. Somente hoje se começa a reescrever a história, a desmascarar as mentiras minuciosamente construídas e obstinadamente defendidas como fatalidades históricas. Escrever sua história é, na América Latina, iniciar a destruição dos muros que a impedem de se comunicar com sua memória, relegada ao vazio ou à nostalgia a partir do dia posterior à conquista, e mistificada pelos próprios processos de independência.

Incomunicação, em segundo lugar, com o fazer político das massas, desses milhões de homens e mulheres que ainda por cima têm que desistir de sua língua materna para ter acesso aos meios de comunicação. Até quando os analfabetos não tiveram direito ao voto em um continente onde a maioria da população era analfabeta? A comunicação se carrega de uma significação política irrefutável ao descobrir as muitas faces da "violência simbólica" (Bourdieu e Passeron, 1970) adicionada à outra, a da fome e da exclusão social. Incomunicação também das elites intelectuais que, mesmo rompendo sua cumplicidade com o *status quo*, estão longe, isoladas, por conta de sua linguagem exclusiva, da fala e da memória das maiorias. Incomunicação, enfim, de vanguardas, separadas do povo a quem querem libertar, e isso por causa de armadilhas que produzem uma expressividade centrada sobre si mesma, ou seja, negada à comunicação.

As estruturas de dominação são múltiplas, mas pode se dizer que sua expressão privilegiada está aí, nessa frustração que impede "falar", dizer o próprio mundo e dizer a si mesmo. Ao desmontar os mecanismos que obrigam o oprimido a falar a linguagem do opressor, Freire revela a figura ao mesmo tempo mais profunda e íntima da dominação. É por isso que a alfabetização em Freire toma um caráter deliberadamente subversivo: a coesão do grupo no sistema se rompe em pedaços quando o homem, esse "animal construído de palavras", do qual fala Octavio Paz, assume a palavra que vem de seu mundo, que emerge de sua terra, de seu trabalho, de sua classe e de sua capacidade criadora. Mas a essa *palavra* não se chega sem atravessar a espessura escura da *língua,* sua densa estrutura ao mesmo tempo elementar e complexa, e através da qual a sociedade e o mundo se apresentam como "codificados", como trama de signos a decodificar, a decifrar.

A *crítica da linguagem* que propõe Freire vai na mesma direção a que apontam os estudos de Henri Lefebvre, de Pierre Bourdieu e Jean-Claude Passeron e do argentino Eliseo Verón. Trata-se de investigar a presença da linguagem na conformação da sociedade como sistema, o papel da linguagem na gestação das estruturas mentais coletivas, sociais. A parte que cabe à linguagem – permitir ou impedir a entrada do indivíduo a um grupo social – é instalar-nos em um *sistema de coisas* a partir do sistema das palavras. Para aí apontam as análises de Ivan Illich ao propor da América Latina uma investigação sobre a renúncia do indivíduo ante a rede tecnificada das instituições, da degradação da comunicação interpessoal e a quase impossibilidade de relações criadoras: "o subdesenvolvimento progressivo da confiança em si e na comunidade" (Illich, 1971: 14).

TEXTURA DIALÓGICA DA COMUNICAÇÃO

A porta para a comunicação que nos abre Paulo Freire é basicamente para a sua *estrutura dialógica*. Pois há comunicação quando a linguagem dá forma à conflituosa experiência do conviver, quando se constitui em *horizonte de reciprocidade de cada homem com os outros no mundo*. É certo que, sempre que um homem fala, ele utiliza um código que partilha com outros, mas *de onde fala, com quem e para quê?* Essas questões nos colocam a necessidade de situar análises das formas objetivas da linguagem nessa sua "potência segunda" (Ortigues, 1962), engendradora do reconhecimento mútuo entre atores e sujeitos. Falar não é somente se servir de uma língua, mas pôr um mundo em comum, fazê-lo lugar de encontro. A linguagem é a instância em que emergem mundo e homem ao mesmo tempo. E aprender a falar é aprender a dizer o mundo, a dizê-lo com os outros, a partir da experiência de *habitante da terra*, uma experiência acumulada através dos séculos. Como afirma Ricoeur (1969: 80), a análise da língua desemboca sobre esse outro registro hermenêutico que faz surgir *o mundo como horizonte da palavra*. E é nesse tecido de coisas e palavras que a comunicação revela sua espessura: não existe comunicação *direta,* imediata, toda comunicação exige [...] elementarmente desprender-se das coisas, todo comunicar exige alteridade e impõe uma distância. A comunicação é ruptura e ponte: mediação. Entre dois sujeitos, por mais próximos que se sintam, está o mundo em sua dupla figura de natureza e história. A linguagem é *o lugar do cruzamento* de ambos: enraíza o homem na terra, sobre a qual os homens forjaram a língua. Se a linguística exige da fenomenologia um horizonte de significação, esta por sua vez exige uma ontologia, uma posição no ser. A *metáfora* de Heidegger (1959: 15) adquire então toda sua validade, mas com a condição de que "a morada do ser" seja suficiente para dar abrigo não somente ao discurso do príncipe e dos sacerdotes, mas à palavra do comum dos homens. Porque de outro modo essa expressão não seria senão a voz da nostalgia atrás da qual se mascara a velha aristocracia do pensar e do dizer frente à desconcertante entrada das massas na história, frente ao fato irreversível dos povos assumindo a palavra.

A mediação ou a espessura do simbólico

Pensar a linguagem como mediação é pensá-la ao mesmo tempo como feita de signos e *prenha de símbolos*. O estruturalismo descartou o símbolo *logicamente*. Porque o símbolo não se presta à fria análise das estruturas, mas reaquece e contamina tudo com o *excesso* e o conflito das interpretações. O símbolo é escuro, viscoso e perigoso, mas é nele que se expressa e condensa a realidade última da comunicação. Lacan não nos deixa escapatória: se o homem fala é "porque o símbolo o fez homem" (1966: 155). A etimologia lhe dá razão: *símbolo* em grego significa algo partido em dois, em que uma parte é dada por um a outro como *garantia de reconhecimento*. Cada pedaço não é nada isoladamente, mas pode ser um todo se unido ao outro. É no encaixe das partes que os portadores de cada metade se reconhecem e se encontram. *Símbolo* significa, portanto, pacto, convenção, aliança. A aproximação à vida profunda da linguagem como comunicação nos descobre feito de *perguntas essencialmente ansiosas de resposta*. É essa a textura de relações que o constituem em *ata* e ato do pacto coletivo.

Mediação por excelência, o *símbolo* povoa o universo do homem marcando seu impossível acesso imediato às coisas (Cassirer, 1965: 45), forçando-o a aceitar essa outra mediação introduzida pela decifração do sentido. E, portanto, constitutivamente ligado ao discurso: todo símbolo faz pensar, ou melhor, "dá o que pensar" (Ricoeur, 1968: 323). Não a partir de uma referência que se desenvolve em seu exterior, mas sim contida no enigma que o próprio símbolo contém. É aí que reside sua *provocação para pensar*.

Das múltiplas tipologias de símbolos, reteremos aqui uma que ilumina especialmente a problemática da comunicação. Trata-se, primeiro, da distinção entre símbolo *metodológico* e símbolo *primário* (Ortigues, 1962: 171). O símbolo matemático ou lógico tem em comum com o primário o fato de ser uma convenção, mas enquanto o primeiro é apenas efeito da convenção, o segundo é sua fonte: matriz das relações que sustentam a sociabilidade humana e, portanto, das próprias convenções. Enquanto o primeiro é movido pelo seu caráter meramente operativo, o segundo está impregnado de sentido e é ingrediente constitutivo do sujeito. O que caracteriza o símbolo é a impossibilidade de sua redução à estrutura formal, a fato psicológico ou a reflexo social. É certo que toda a formação simbólica é necessariamente coletiva, social, mas ela não se esgota nem no psicológico nem no social (Lévi-Strauss, 1970: xv), e constitui uma região original que nos abre para mais além da vida imediata e da operação, nos abre ao tempo e espaço originários que tecem/ evocam os mitos. Em segundo lugar, é importante distinguir entre uma simbólica *sedimentada* feita de *restos* de símbolos, de estereótipos de contos e lendas cuja chave é a repetição; uma simbólica *atuante* sobre o tecido social de um grupo ao qual dá forma através de pactos, alianças e leis que constituem o objeto primário da antropologia cultural; e uma simbólica *prospectiva*, na qual explode o *jogo* dos símbolos em uso para dar lugar a outros, os propriamente criadores (Ricoeur, 1972: 468). A primeira categoria se mostra à base de toda a comunicação, à espessura simbólica do repetir que subjaz ao dialogar; pela segunda temos acesso ao movimento, ao ato de comunicar, e pela terceira descobrimos a palavra inédita que faz romper a linguagem usada na comunicação, subvertendo-a, recriando-a.

A textura dialógica se encontra tanto na textura do símbolo como na constituição da subjetividade: o eu só se torna real na reciprocidade da interlocução. Dialogar é arriscar uma palavra ao encontro não de uma ressonância, de um eco de si mesma, mas sim de outra palavra, da resposta de um outro. Daí que para fazer uma pergunta necessito assumir um pronome (eu) ao qual responde um outro (tu) e conformar o *nós* que faz possível a comunicação. O diálogo se tece sobre uma base de pronomes pessoais que formam a textura da intersubjetividade. Na corrente mais dinâmica da linguística, como a de Émile Benveniste (1971: 67), a análise linguística se encontra com a hermenêutica de Martin Buber e, sobretudo, de Emmanuel Levinas. Enquanto para a análise a linguagem é um *sistema* de signos, para aquele que fala a linguagem é uma *mediação simbólica*: "massa de signos dispostos no mundo para exercer nele nossa interrogação" (Buber, 1968: 29). A dialética habita as "protopalavras eu-tu" como eixo em torno do qual se *realiza* o encontro e a possessão, a convivência e a organização. Levinas, por sua parte, oferece uma reflexão sobre os dinamismos da comunicação humana a partir da *aparição do outro como "rosto"* (Levinas, 1968: 82) que instaura ao mesmo tempo a possibilidade de minha interioridade e de minha abertura ao *outro como questionamento de meus poderes*. É na comunicação que os homens assumem suas palavras fazendo implodir, ao mesmo tempo, o círculo da totalidade totalitária e o da consciência solipsista. Dialogar é descobrir na trama de nosso próprio ser a presença dos laços sociais que nos sustentam. É lançar as bases para uma posse coletiva, comunitária, do mundo. A palavra não é um mundo à parte, mas faz parte da práxis do homem: "a justiça é o direito à palavra", pois é a possibilidade de ser sujeito em um mundo onde a linguagem constitui o mais expressivo lugar do "nós".

Emergência do sujeito: da ação à expressão

Diante da sua função representativa, privilegiada na civilização ocidental, o estudo da linguagem se desdobrou ultimamente em outra função maior: sua *potência de ação*, sua densa *práxis* como meio de iniciação, de coesão e de exclusão social. São as "potências da linguagem", que tematizou Marcel Cohen (1971), e a "ação ilocutória", cujo estudo inicia J. L. Austin (1970). Trata-se da ação da linguagem não como algo que se adiciona de fora, mas o oposto: a presença no próprio discurso do contexto social regulando o exercício dessa atividade e que ao mesmo tempo a torna possível. Pois a ação ilocutória não é da ordem física – emissão de sons – nem psicológica – os efeitos –, mas de uma ordem de regras próprias do discurso, e a partir das quais uma coisa é afirmar e outra é narrar, uma é prometer e outra blasfemar. Regras que fazem emergir a *situação* na qual o discurso coloca os interlocutores. Na sua análise dos "atos de linguagem", J. R. Searle (1972) fará avançar enormemente a compreensão da trama social da linguagem como base a partir da qual toda fala contém algo de *atuação*. É o que sucede quando a ação é provocada, favorecida ou enfrentada mediante palavras que, proferidas em atos rituais, transformam a situação ao produzir efeitos sociais inegáveis. Ou como ocorre também nas relações humanas com as fórmulas que usamos para iniciar um encontro, mantê-lo ou finalizá-lo; ou as fórmulas com que incluímos ou excluímos um estranho de um grupo e, sobretudo, as fórmulas com que outorgamos validade a um pacto ou um contrato. Até a persuasão e a instrução que *atuam* através da oratória passando pelas acusações ou defesas judiciais, até o discurso da propaganda e da publicidade. Ao mesmo tempo que é ação, a linguagem é *expressão*. Expressão entendida não como uma função particular da linguagem, nem como um tipo de discurso frente aos outros, mas como sua potência primordial: a de fazer existir a significação. Daí que estudar a expressão não consiste em buscar a informação que ela pode oferecer sobre um mundo interior e escondido do sujeito, mas buscar a maneira como o sujeito habita a palavra, dar conta da experiência que o falar é para o sujeito. A expressão é, segundo Levinas (1968: 172), "testemunho original", aquilo do/no que o próprio sujeito se acha feito, amassado. Mas foi Merleau-Ponty quem foi mais longe na filosofia da *expressão,* rompendo completamente com toda a tradição que havia assimilado a expressividade da linguagem à *representação* do pensamento. A expressão não traduz um pensar anterior, uma significação feita, ela não existe senão na palavra: "a expressão faz existir a significação, a faz viver em um organismo de palavras" (Merleau-Ponty, 1945: 213). A armadilha em que caiu tanto o idealismo como o empirismo foi a de esquecer que a expressão habita um mundo de significações já sedimentadas, de palavras usadas, confundindo a memória dessas "significações disponíveis" com a existência de um pensar interior que a linguagem se limitaria a traduzir.

É por isso que, segundo Merleau-Ponty, a operação expressiva não tem lugar entre o pensamento e a linguagem, a não ser entre a "palavra pensante" e o "pensamento falante".

A COMUNICAÇÃO NA EDUCAÇÃO

E que a chave da expressão reside então em dizer coisas novas com palavras gastas, já velhas, em "usar esses instrumentos já falantes e fazê-los dizer algo que não disseram jamais" (Merleau-Ponty, 1960: 113). O *milagre* da expressão é a possibilidade de uma palavra inédita, primeira, a partir de um fundo de "palavras segundas". Porque de todas as operações expressivas só a palavra é capaz de sedimentar e de converter-se em acervo comum. O paradoxo é chave: enquanto não se pode "pintar sobre a pintura", toda palavra é dita sobre outras palavras, cada palavra "falante" – significação em estado nascente – deve ser pronunciada a partir de um fundo comum de palavras "faladas", de significações já existentes.

O outro lado da expressão aponta para o que Merleau-Ponty (1945:180) já chamava de *a arqueologia do sujeito*: o enraizamento da subjetividade no "próprio corpo" (1945: 294). Que é a experiência original pré-objetiva, muda, da e na qual brota a palavra *eu*. O corpo é a fonte de toda percepção, nosso principal modo de habitar o mundo, *o lugar a partir* de onde realizamos sua apropriação. Pois perceber é descobrir-se *enredado* nas coisas, participar nelas por uma familiaridade anterior a toda consciência explícita. O que não significa reduzir a subjetividade ao corpo, mas sim explorar nele sua potencialidade original. "Quase-sujeito", a corporeidade engendra um mundo, um tempo e um espaço *próprios*, é a nossa forma primordial de acesso ao mundo, nossa forma originária de estar nele: "há outro sujeito por debaixo de mim, para quem um mundo existe antes que eu esteja aí e que marca o meu lugar" (Merleau-Ponty, 1970: 169). Esse sujeito, ou melhor, pré-sujeito, é o "embrião de toda a significação", uma "celebração do mundo", na qual se convoca as coisas a significar, dotando-as de relevo e sentido.

Com a linguagem "muda" de seus membros, o corpo abre o caminho para a palavra. O *gesto* é o começo. Um novo universo já se desenha nele. O punho que se levanta ou a mão que se estende grita, nomeia, pergunta. Projeção do meu corpo para o outro, aprendizagem do signo – ou sua explosão plena –, o *gesto* me inicia definitivamente. A palavra não se reduz ao gesto, mas se inicia nele, e por ele descobrimos que a linguagem não é tradução de ideias, *mas uma forma de habitar o mundo*, de se fazer presente nele, de compartilhá-lo com outros homens. A comunicação não é feita de representações, mas antes de *gestos* que contam a presença ativa do corpo, sua mediação na minha interpelação ao outro, pois no corpo emerge a estrutura do mundo que me abraça e o sentido do gesto em que o expressa.

E o que o gesto expressa antes de qualquer coisa é a apropriação do corpo, essa elaboração pessoal que o singulariza frente a ou em relação com o outro. Mas a singularidade da expressão não se confunde com a individualidade. Não é ao indivíduo que a expressão manifesta, mas ao *sujeito*. Se o corpo é o lugar original da palavra, o é na medida em que o desejo o atravessa, transbordando-o para um além: espaço tensional, presença-ausência, terra do símbolo. É o desejo que, para ser satisfeito, exige "ser reconhecido na palavra" que lanço ao outro (Lacan, 1966: 108).

A chave está em reconhecer a ambiguidade radical do discurso, que revela ao mesmo tempo que mascara. A conquista de uma verdadeira subjetividade corre paralela à conquista da palavra oculta no emaranhado dos sintomas, esses símbolos obscuros em que está presa e através dos quais é necessário desvelá-la. A apropriação da palavra e a realização do sujeito somente são possíveis desfazendo a falsa coerência do discurso

A COMUNICAÇÃO NA EDUCAÇÃO

por trás da qual se mascara o medo. Não há sujeito sem passar pelo "desfiladeiro da palavra", mas não há palavra sem a assunção da própria história, desse passado que se oculta e se enrosca, se dissimula na espessura e nas opacas inércias do corpo. E não há libertação possível a partir de si mesmo, pois se a palavra funda o sujeito, este não repousa em si mesmo – é o que nomeia o *subjectum* e que haviam encoberto tanto a *consciência* como a *vontade* cartesiano-hegelianas –, mas sim nesse "outro" no qual, como repete Lacan, o sujeito se constitui mediante a experiência recíproca do reconhecimento.

DESCONSTRUINDO O MUNDO A PARTIR DA LINGUAGEM

É todo esse conjunto de processos, ideias e problemas de conhecimento que condensa a pedagogia de Paulo Freire. E que se inicia com a pergunta: o que é um analfabeto? E a que, frente à resposta dos manuais – um homem que não sabe nem ler nem escrever –, Freire propõe outra, radicalmente outra: *o analfabeto é o homem impedido de dizer sua palavra*. E a *alfabetização* será, então, a *práxis* educativa que devolve aos homens seu direito de dizer o que vivem e sonham, de ser tanto testemunhas como atores de sua vida e de seu mundo. Deixando de ser uma *simples* "falta de instrução", o analfabetismo revela-se como uma consequência estrutural de um sistema injusto que domina excluindo as maiorias daquele espaço cultural em que se constitui a participação. Daí que diante de uma alfabetização "recuperadora", com a qual as elites procuram educar sem encorajar a subversão possível, ergue-se a alfabetização como "educação-prática da liberdade", inserida inevitavelmente em um processo de transformação social e política. A nova educação funda-se, portanto, não em esquemas abstratos ou em idealismos bem-intencionados, mas sim na tomada de consciência dos oprimidos sobre a sua situação no próprio processo de opressão. Tendo por conteúdo a própria problemática da vida, a nova pedagogia procura, antes de tudo, provocar no analfabeto – o "homem mudo" – uma atitude e prática de descobrimento da palavra negada. "Pensávamos em uma alfabetização que fosse em si um ato de criação capaz de desencadear outros atos criativos", diz Freire (1967: 164).

"Ninguém educa ninguém, nem ninguém se educa a si mesmo, os homens se educam em comum mediados pelo mundo" (Freire, 1970: 90). Só assim é possível a passagem da consciência mágica e ingênua – que se pensa fora, sobreposta à realidade – à consciência "crítica": que se descobre habitada pelo mundo e em luta para desnaturalizar os processos históricos. Só então o oprimido se descobre como sujeito e portador de uma palavra própria. Contrário à metodologia dos abecedários e manuais que começavam ensinando as letras e as sílabas, Freire coloca como um ponto de partida a construção, a investigação/construção, do "universo linguístico de base" do educando, em um processo ao longo do qual as ideias e os fatos emergem em palavras-frases que conformam unidades de enunciação. Não se encontra aí "encarnada" a concepção que Merleau-Ponty tem da percepção e Benveniste da "frase como instância fundamental do discurso"? Por outra parte, ante os estereótipos, as palavras mortas e anônimas que apresentam os manuais, a nova pedagogia coloca como ponto de partida o enraizamento no mundo concreto do educando, em sua percepção do mundo da vida cotidiana. E é com base nesse *universo vocabular* que se exploram as *palavras geradoras* em um triplo plano: sua riqueza fonética ou capacidade para formar o maior número possível de vocábulos; sua densidade referencial ou de vinculação com o contexto em que o vocábulo se inscreve; e seu poder de mobilização existencial que a palavra tem dentro do grupo.

Denomina-se *codificação* a um segundo passo que consiste na representação plástica daquilo que a palavra geradora *objetiva* de situações e experiências do alfabetizando. Para romper com a enganosa imediatez empírica a que as palavras *se referem*, propõe-se passar pela objetivação que media e o distancia, que faz possível o espaço da admiração e da reflexão. Ao objetivar seu mundo com os outros, os objetos são percebidos de outra forma: deixam de ser meras coisas para passar a provocar perguntas: *a interrogação que instaura o espaço da decodificação*, operação que leva ao reconhecimento do sujeito no objeto, pois os objetos agora fazem parte da situação e são produtos de algum sujeito ao longo do processo de fazer-se mundo, isto é, história e cultura.

As palavras saídas do universo existencial do homem voltam a ele transformadas em modo de ação sobre o mundo. O processo culmina assim na autoimplicação: a emergência do sujeito através da linguagem, tanto da que diz a ação como daquela que a efetua. Só então a palavra geradora poderá ser ela mesma objetivada na materialidade sonora que conformam os fonemas, porque a língua já não aparecerá como um instrumento estranho, abstrato ou mágico, senão como *cultura*, isto é, o *fazer-se do homem*, ao mesmo tempo trama de relações objetivadas e lugar de construção e criatividade do sujeito. Desvelar os segredos – a montagem que constrói a língua em arquitetura de signos – se converterá em movimento desvelador da trama do mundo e da história que entranham esses signos. E a palavra geradora *gerará* então não só outras palavras, outras frases, mas também a capacidade de dizer e contar a vida, de pensar e escrever o mundo como história da qual o alfabetizando faz parte como sujeito e ator. Aprendendo a dizer sua palavra, o homem penetrou a própria trama do processo histórico. Em vez de se submeter a uma repetição e memorização mecânica, oca, de palavras ditadas de cima e de fora, o homem aprende a "admirar" sua cultura, primeiro passo para recriá-la, para sentir-se criador. *A pedagogia converte-se em práxis cultural,* posto que a cultura é invenção de formas e figuras, sons e cores, que, enquanto a expressam, transformam a realidade.

A pedagogia converte-se, assim, em *política* já que o acesso à expressão e à criação cultural é experimentado pelos alfabetizados como um *processo de luta por fazer-se reconhecer* enquanto atores do processo social. Se a liberdade é indivisível, a conquista da palavra inscreve-se na luta pela libertação de tudo o que oprime. Somente então adquire seu pleno significado o emblema que Freire deu a sua aventura: *a educação como prática da liberdade.* E de uma educação para *o desenvolvimento,* formadora de quadros altamente técnicos e ideologicamente "neutros", canal de ascensão social, Freire proporá passar a uma educação para *a libertação* que vai à raiz, à consciência submissa. De uma educação idealista, pois construída de palavras ocas, de nostalgias e voluntarismos estéreis, passa-se a uma educação-práxis, dialetizadora da palavra e da ação, na qual a palavra surge ao ritmo do esforço construtor da própria realidade e a ação reverte possibilitando uma palavra inédita, criadora.

O LIVRO E OS MEIOS: CRÍTICA DA RAZÃO DUALISTA

Se já não se escreve nem se lê como antes é porque tampouco se pode ver nem representar como antes. E isso não é redutível ao fato tecnológico, pois, como afirma Alain Renaud (1990: 14) "é toda a axiologia dos lugares e das funções das práticas culturais de memória, de saber, de imaginário e criação a que hoje passa por uma séria reestruturação". Convencida da envergadura dessa mutação, Margaret Mead (1971: 99) soube ler, há mais de 40 anos, o que na atual ruptura geracional remete a "uma experiência que não cabe na linearidade da palavra impressa", pois, "nascidos antes da revolução eletrônica a maioria de nós não entende o que esta significa. Os jovens da nova geração, ao contrário, assemelham-se aos membros da primeira geração nascida em um país novo". Daí que, somente a partir da assunção da tecnicidade midiática como dimensão estratégica da cultura, a escola poderá se inserir nas novas figuras e campos de experiência em que se processam os intercâmbios entre escrituras tipográficas, audiovisuais e digitais, entre identidades e fluxos, assim como entre movimentos cidadãos e comunidades virtuais.

DO DESENCANTO RADICAL
AO DUALISMO METAFÍSICO

Poupando a trama de contradições e rupturas de que está feita a história, e as incertezas do presente, boa parte do mundo adulto, e em especial o acadêmico, atribui aos meios audiovisuais a causa da crise da leitura e do empobrecimento cultural em geral. Um amargo desencanto se traveste de profetismo para proclamar como dogma o mais radical dos dualismos: nos livros encontram-se o último resquício e baluarte do pensamento vivo, crítico, independente, diante da avalanche de futilidade, espetacularização e conformismo que constituiria a própria essência dos meios audiovisuais. Enquanto o livro é declarado espaço próprio da razão, do argumento, do cálculo e da reflexão, o mundo da imagem massiva é reduzido ao espaço das identificações primárias e das projeções irracionais, das manipulações consumistas e da simulação política. E se na imprensa escrita se gestou o espaço público, na imagem televisiva se engendra hoje a mais massificada homogeneização e o recolhimento ao privado.

Um debate estratégico

O dualismo que enfrentamos não pertence ao pequeno mundo acadêmico, mas tem representantes entre pensadores do calibre de Theodor Adorno e Max Horkheimer, os quais, no fim dos anos 1940, declararam sua aversão intelectual e ideológica ao cinema porque à velocidade com que as imagens se sucedem é impossível escapar da sedução, tomar distância e pensar (Adorno e Horkheimer, 1971); ou a radical posição, hoje, de Giovanni Sartori (1997), que identifica a videocultura com o *post pensiero* (pós-pensamento), ou seja, com a decadência e inclusive o fim do pensamento. É como se, à medida que o mundo audiovisual se torna socialmente mais relevante e culturalmente mais estratégico, isso exasperasse certo rancor espiritual até o paroxismo. Aí está o profundo parentesco entre os títulos de dois livros que, situando-se nas antípodas da difamação e da celebração das tecnologias audiovisuais e eletrônicas, convergem, entretanto, na apelação à metafísica: o *Homo videns*, de Giovanni Sartori (1997), e o *Ser digital*, de Nicolas Negroponte (1999). Ou se desvaloriza a videocultura declarando-a inimiga da humanidade ou ela é exaltada como a salvação do homem; em ambos os casos – aparentemente tão distantes como o de um cientista político e o de um tecnólogo –, a metafísica suplanta a política.

Uma amostra clara da substituição da política pela queixa moral e o vaticínio catastrofista me foi proporcionada, em um debate sobre a televisão que tive na revista *Numero,* com um destacado novelista e jornalista colombiano (Faciolince e Martín-Barbero, 1996), para quem a televisão é, por sua natureza mesma, inculta, fútil e até imbecil, de maneira que "quanto mais vazio for um programa, maior êxito ele terá". A causa dessa abominação é a *fascinação* que produz o meio audiovisual, "graças a sua capacidade de nos absorver, quase de nos hipnotizar" evitando-nos "a pena, a dificuldade de ter que pensar". Do que se conclui: "desligar, o que se diz desligar a televisão, é algo que as maiorias não vão fazer jamais", pelo que se infere que o que deve nos preocupar não é o dano que faça às pessoas ignorantes (os analfabetos tiram algum proveito!), mas o dano que faça à minoria culta, bloqueando-a, distraindo-a, roubando suas preciosas energias intelectuais. Mas como eu sou dos que pensam que a cultura é menos a paisagem que vemos que o olhar com o qual vemos, pareceu-me que a acusação falava menos da televisão que da visão radicalmente decepcionada do escritor sobre os pobres de hoje, incapazes de calma, de silêncio e solidão, e compulsivamente necessitados de movimento, de luz e de rebuliço. Que é o que justamente nos proporciona a televisão. Ora, se a incultura constitui a quintessência da televisão, explica-se então o desinteresse e, no "melhor" dos casos, o desprezo dos intelectuais pela televisão, mas também fica aí descoberto o persistente e soterrado caráter elitista que prolonga essa visão: confundindo iletrado com inculto, as elites ilustradas, desde o século XVIII, ao mesmo tempo que afirmavam o povo na política o negavam na cultura, fazendo da incultura o traço intrínseco que configurava a identidade dos setores populares e o insulto com que cobriam sua interessada incapacidade de aceitar que nesses setores pudesse haver experiências e matrizes de outra cultura. Paradoxalmente, em um país tão dividido e devastado, tão incomunicado como a Colômbia, a televisão converteu-se em cenário de encontros perversos: enquanto as maiorias veem ali condensadas suas frustrações nacionais pela "tragédia" de sua seleção na Copa do Mundo nos Estados Unidos, ou seu orgulhoso reconhecimento pelas figuras que, das pessoas da região e da indústria cafeeira, foram dramatizadas na novela *Café*, em que a minoria letrada joga nela sua impotência e sua necessidade de exorcizar o pesadelo cotidiano, convertendo-a no bode expiatório no qual se pode jogar a culpa pela violência, pelo vazio moral e pela degradação cultural. Há um segundo – e também resgatado – argumento: "a fascinação que nos idiotiza". Apenas duvido muito que a fascinação seja "o modo de olhar da geração que nasceu e se formou com a televisão" (Eco, 1986), que se diverte com *videogames*, que vê filmes na televisão, que dança em frente a enormes telas de vídeo e que em certos setores joga, faz tarefas no computador e narra suas experiências urbanas em imagens de vídeo. A fascinação que produziu o cinema – sua sala escura, o assombro com os movimentos e os primeiros planos – sobre as massas populares durante longos anos, e a fascinação que continua produzindo no modo de ver da geração que conservamos a devoção pela magia do cinema – que segundo Barthes fazia do rosto de Greta Garbo uma espécie de estado absoluto da carne que não se pode alcançar nem abandonar – e que frustradamente projetamos sobre a televisão. Além disso, como reduzir à fascinação a relação das maiorias com a televisão em um país em que a esquizofrenia cultural e a ausência de espaços de expressão política potencializam desproporcionalmente o cenário dos meios e, especialmente, da televisão? Pois é nela onde se produz o espetáculo do poder e o simulacro da democracia, sua densa trama de farsa e de raiva, e onde adquirem alguma visibilidade dimensões-chave do viver e sentir o cotidiano das pessoas que não encontram representadas nem no discurso da escola nem naquele que se autodenomina cultural.

O que o pessimismo metafísico não permite pensar

É cada dia mais evidente que uma crítica assim é incapaz de distinguir a necessária e indispensável denúncia da cumplicidade da televisão com as manipulações do poder e os mais sórdidos interesses mercantis – que sequestram as possibilidades democratizadoras da informação e da criatividade cultural impondo uma excessiva banalidade e mediocridade à imensa maioria da programação – do lugar estratégico que esse meio ocupa na cultura cotidiana das maiorias, na transformação das sensibilidades, nos modos de perceber o espaço e o tempo e de construir imaginários e identidades. Pois nos encante ou nos dê nojo, a televisão constitui, hoje, ao mesmo tempo, o mais sofisticado dispositivo de moldagem e deformação dos gostos populares e uma das mediações históricas mais expressivas das matrizes narrativas, gestuais e cenográficas do mundo cultural popular, entendendo este não como as tradições específicas de um povo, mas a hibridização de certas formas de enunciação, certos saberes narrativos, certos gêneros novelescos e dramáticos das culturas do Ocidente e das mestiças culturas de nossos países.

Desmontar esse círculo, que conecta em um só movimento a "má consciência" dos intelectuais e a "boa consciência" dos comerciantes da cultura, é para onde aponta minha denúncia do rancor dos intelectuais e a incompreensão das Ciências Sociais para com o mundo audiovisual. Pois acima e para além da diferença de interpretações, o que realmente constitui o fundo do debate que importa é: O que fazer então com a televisão? E qual tipo de política de televisão propõe o escritor? Uma só:

desligá-la. O que significa que as lutas contra a avassaladora lógica mercantil que devora esse meio – acelerando a concentração e o monopólio –, a defesa de uma televisão pública que esteja nas mãos não do governo, mas sim das organizações da sociedade civil, a luta das regiões para construir as imagens de sua diversidade cultural acabariam por completo irrelevantes e ineficazes. Pois todas essas lutas não tocam o fundo, a natureza perversa de um meio que evita que pensemos, que rouba a solidão e nos idiotiza. E qual política educativa caberia então? A resposta letrada é: nenhuma, já que é a televisão em si, e não algum tipo de programa, a que reflete e reforça a incultura e a estupidez das maiorias. Com o argumento de que "para ver televisão não é necessário aprender", a escola – que ensina a ler – não teria nada o que fazer. Nenhuma possibilidade, nem necessidade, de formar uma visão crítica que distinga entre a informação independente e a submissa ao poder econômico ou político; entre programas que buscam conectar com as contradições, as dores e as esperanças das pessoas e os programas que nos evadem e consolam; entre cópias baratas do que impera e trabalhos que experimentam com as linguagens; entre esteticismo formalista que joga de forma exibicionista com as tecnologias e a investigação estética que incorpora o vídeo e o computador.

Para os que conduzem o desencanto letrado e sua travestida metafísica é finalmente o escamoteio da política. Frente a essa elegante e culta evasiva, sou, ao contrário, um daqueles que crê que, ainda no que concerne à cultura audiovisual e digital, "a questão continua sendo explicar para transformar e não ficar na satisfação que procura sua negação informada" (Brunner, 1993: 12).

PLURALIZAÇÃO DOS ALFABETOS E DAS LEITURAS

Houve um tempo em que "o caminho real da emancipação" e o acesso ao saber passavam quase exclusivamente pela escritura fonética; entretanto, o que se deve entender *por alfabetização hoje* (Caviano, 1985; Santiago, 1991), quando a maior parte da informação que dá acesso ao saber passa de uma forma ou de outra pelas diversas redes e tramas das imagens e escrituras eletrônicas? Que entender por alfabetização *aqui*, em países cuja "escola incompleta e atrasada convive com a intensa interconexão do mundo audiovisual de massa" (Brunner, 1989: 62) e cujas maiorias, mesmo tendo aprendido a ler, não têm acesso social nem cultural à escrita? Aí está o desafio de fundo, pois como arquivos e geradores de novos usos, o computador, em alguns casos, e a televisão, em outros, colocam para o mundo da educação. O livro continuará sendo peça-chave na medida em que a *primeira alfabetização*, a que abre o mundo da escritura fonética, em lugar de fechar-se sobre a cultura letrada, lance as bases para a *segunda alfabetização*, aquela que nos abre as múltiplas escrituras que hoje conformam o mundo do audiovisual e do texto eletrônico. A mudança nos protocolos e processos de leitura (Sarlo, 1998) que, sem dúvida, atravessamos não significa, não pode nem deve significar, a substituição de um modo de ler por outro, mas sim a complexa articulação de uns e outros, da recíproca inserção de uns em outros, entre livros e quadrinhos, vídeos e hipertextos. Com tudo o que isso implica de continuidades e rupturas entre os muito canônicos *modos de ler livros* e os muito anárquicos *modos de navegar textos*. De um mínimo de continuidade e conversação entre eles vão depender

A COMUNICAÇÃO NA EDUCAÇÃO

em boa medida não só o futuro da civilização ocidental, mas o sentido social da vida e o porvir da democracia, que são as exigências feitas à educação para que seja capaz de formar cidadãos que saibam *ler* tanto jornais impressos como televisivos, *videogames*, videoclipes e hipertextos.

Uma escola na defensiva

Infelizmente, no mundo da educação a preocupação que predomina não é essa. Obcecados com o poder maléfico dos meios, e muito particularmente da televisão, os educadores acabam se esquecendo da complexidade do mundo adolescente ou juvenil, reduzindo-o à condição de consumidores de música e televisão. Obsessão que foi reforçada por muitos dos estudos sobre *recepção* da televisão que eram menos interessados em compreender a relação entre os adolescentes e a TV que em *corrigir o olhar* dos telespectadores. Que é para onde levam os preconceitos daqueles que não ocultam seu arrogante desprezo em relação a esse meio, ou seja, daqueles que não veem televisão senão para *estudá-la* e poder assim *educar o olhar e o gosto* dos que a desfrutam. A partir desse olhar, torna-se impossível abordar um debate sobre a relação da sociedade com os meios capaz de inserir aí a formação hoje dos jovens como cidadãos. Isso requereria assumir seriamente os desafios culturais e políticos que coloca a brecha cada dia mais ampla introduzida pelos meios entre a sensibilidade e a cultura pela qual os professores ensinam e aquela outra pela qual os alunos aprendem. Somente assumindo os meios como dimensão estratégica da cultura hoje é que a escola poderá interagir, em primeiro lugar, com os *novos campos de experiência* surgidos da reorganização dos saberes, dos fluxos de informação e das redes de intercâmbio criativo e lúdico; pelas hibridizações da ciência e da arte, do trabalho e do ócio. E em segundo lugar, com os *novos modos de representação e ação cidadãs* que a cada dia são mais articuladores do local com o mundial. Estamos diante de um desafio que revela não somente o desconcerto de nossa sociedade diante da profunda reorganização que hoje atravessam os modelos de socialização – pois nem os pais constituem mais o padrão ou eixo de conduta nem a escola o único lugar legitimado do saber –, mas também o que implica de perversão social que o cenário dos novos modelos sejam os meios de comunicação submetidos cada dia de forma mais descarada à lógica do negócio que impõem os grandes conglomerados econômicos, e aos ritmos de obsolescência de qualquer produto mercantil. Mas por essa perversão não são responsáveis unicamente os conglomerados econômicos e os grupos políticos coligados, mas também, à sua maneira, como cúmplice, o sistema educativo incapaz de pensar a envergadura das mudanças culturais que emergem na relação das crianças e dos jovens com os meios e as tecnologias audiovisuais e informáticas.

O caso colombiano pode ser instrutivo. Refiro-me à ausência na recente Lei de Cultura, que acompanhou a da criação desse Ministério, tanto do mundo dos meios massivos – só consta o cinema, mas enquanto arte – como do mundo da educação. A gravidade da esquizofrenia que isso representa fez-se mais que evidente quando um membro da Comissão Nacional de Televisão, perguntado sobre o que pensava da última programação do canal cultural, respondeu que se havia conseguido uma programação perfeita: "educação pela manhã e cultura à tarde"! Na Colômbia do fim de século, parece que as melhores relações entre cultura e educação são as que não permitam esse encontro, e as de ambas com a televisão não podem ser mais anacrônicas e instrumentais: não um meio para fazer e criar cultura, mas só para transmitir, difundir e divulgar. Para o Ministério da Cultura, os meios massivos de comunicação continuam sendo qualquer coisa menos *cultura*, ainda que seja na rádio e, sobretudo, na televisão onde se fazem visíveis algumas das transformações mais de fundo na sensibilidade e identidade das maiorias. Por isso não é de se estranhar que a cultura tenha ficado reduzida, no canal cultural nacional, a alguns programas soltos e ao espaço de três horas denominado "A Faixa", que se transmite entre as 21 e as 23 horas, horário difícil de ver para a maioria dos colombianos que devem se levantar às 5 da manhã para ir ao trabalho. Para o Ministério da Educação, o que se passa com a cultura é assunto de outros e o que acontece com os meios de comunicação, mais ainda, fora da oca retórica sobre a modernização tecnológica da escola ou desse retalho de programação televisiva que se faz passar por "educativa". Pouco importa se na ideia de cultura que guia os currículos e o ensino escolar caibam ainda somente as artes e as letras, deixando de fora a ciência e as tecnologias. "Que inventem eles"... os países ricos e que nos deixem continuar copiando e aplicando. Para o Ministério das Comunicações, a cultura parece não ter nada a ver com o desenvolvimento tecnológico dos meios – o que importa aí é a distribuição política e economicamente adequada das licenças e das frequências – e menos ainda a educação: o que tem a ver o avançadíssimo e "riquíssimo" mundo das telecomunicações com o de nossa pobretona e atrasada educação?

A ausência de políticas culturais e comunicativas na educação

As consequências estão à vista, porém, os feudos políticos continuam mantendo separadas as *políticas* nos âmbitos da cultura e da comunicação com relação ao da educação, e nessa ausência de relações nossos países estão jogando fora sua própria viabilidade tanto social como produtiva, tanto política como cultural. A nação se faz hoje nas ambíguas e complexas interações entre o *ecossistema comunicacional* e o sistema político em sua indelegável responsabilidade de dinamizar a educação e a criatividade cultural, incluindo em ambas a invenção científica e a inovação tecnológica.

O primeiro passo nessa direção será para que a escola – do primário à universidade – pense menos nos *efeitos* ideológicos e morais dos meios, e mais no *ecossistema comunicativo* (Rodriguez Illera, 1988). Ecossistema comunicativo que configura a sociedade ao mesmo tempo como modelo e trama de interações, conformada pelo conjunto de linguagens, escrituras, representações e narrativas que alteram a percepção das relações entre o tempo do ócio e o trabalho, entre o espaço privado e o público, penetrando de forma não mais pontual – pela imediata exposição ao meio ou pelo contato com ele –, mas transversal (Castells, 1986), a vida cotidiana, o horizonte de seus saberes, gírias e rotinas. A crítica indispensável, tanto dos conteúdos como das formas de sedução dos meios audiovisuais, só será válida e socialmente eficaz quando a escola for capaz de inserir essa crítica em um projeto de mudança educativa de envergadura cultural. Entendo como tal, em primeiro lugar, um projeto que recoloque a ideia de cultura com a qual a escola trabalha em nossos países para que comece a reconhecer as ciências e as tecnologias, tanto como dispositivos de produtividade como de transformação dos modos de perceber, de saber e de sentir. O que implica incorporar as novas tecnologias de comunicação e informação como "tecnologias intelectuais" (Lévy, 1993), isto é, como *estratégias de conhecimento* e não como meros instrumentos de ilustração ou difusão. Isso é decisivo na medida em que a reconversão que apresenta a esfera tecnológica com relação ao âmbito da cultura está incidindo na perda de capacidade social para definir as opções nesse terreno. E a recuperação dessa capacidade passa tanto pelo âmbito político como pelos processos educativos: é a partir da e na escola que as *dimensões* e não só os *efeitos* culturais das tecnologias comunicativas, devem ser pensadas e assumidas.

Em segundo lugar, trata-se de um projeto educativo que incorpore como *objeto de estudos* os relatos e as estéticas audiovisuais que configuram a literatura cotidiana das maiorias. Aprender a ler essa literatura significa, de uma parte, aprender a *transformar a informação em conhecimento*, isto é, a decifrar a multiplicidade de discursos que articula/disfarça a imagem, a distinguir o que se fala do que se diz, o que há de sentido na incessante proliferação de signos que mobiliza a informação. Por outro lado, aprender a ler essa literatura é aprender a diferenciá-la, a distinguir e apreciar criticamente tanto suas inércias narrativas e suas armadilhas ideológicas como as poéticas da repetição serial e as possibilidades estéticas dos novos gêneros (Machado, 1996 e 1999; La Ferla, 2000). Claro está que essas novas formas de leitura só podem ter acolhida em uma escola que esteja prévia e autenticamente preocupada com o problema da leitura, isto é, aquela que soube ligar a leitura, desde os primeiros anos, à criatividade e ao prazer, ao gosto de descobrir e de escrever, mais que aos repetitivos exercícios de tarefas e deveres. Que ardiloso e que fácil jogar a culpa na televisão pela apatia que os mais jovens sentem hoje pelos livros quando a verdadeiramente responsável é uma escola incapaz de fazer com que a leitura agrade e de inserir nela novos e ativos modos de relação com o mundo da imagem.

Nos inícios do século XXI, aprender a ler os textos audiovisuais e os hipertextos é condição indispensável da vigência e do futuro dos livros – só se os livros nos ajudarem a nos orientar no mundo das imagens, o tráfico de imagens nos fará sentir a necessidade de ler livros – e parte de um direito cidadão fundamental: o direito a participar crítica e criativamente na comunicação cidadã.

OS MÚLTIPLOS DESLOCAMENTOS DO LIVRO

Se, por um lado, o dualismo metafísico serve de consolo aos adultos, por outro lado, diz bem pouco às gerações mais jovens, que, imersas desde crianças na cultura, subcultura ou, para alguns, incultura audiovisual, vivem como própria não a experiência excludente e intensamente maniqueísta dos adultos, mas sim outra: a do deslocamento das demarcações e fronteiras entre razão e imaginação, ciência e arte, natureza e artifício, a hibridização cultural entre a tradição e a modernidade, entre o culto, o popular e o massivo. Olhando desse ponto de vista, o que se ganha não é otimismo, mas a obscura certeza de que a crise do livro e da leitura remete a *um âmbito mais amplo de mudança cultural,* que conecta as novas condições do saber com as novas formas de sentir, da sensibilidade, e ambas com os novos modos de estar juntos, ou seja, com as novas figuras da sociabilidade.

Com os relatos dos movimentos que a crise do livro catalisa, talvez não seja inoportuno começar a recordar que existiram, e continuam existindo, civilizações na Ásia e na África, civilizações – e não só culturas – em que o livro não teve nunca a centralidade que tem tido na cultura ocidental, o que significa que, embora nessas sociedades tenham existido livros, a maioria da população não necessitou nem nunca teve acesso a eles. E não por isso o pensamento, a argumentação e a reflexão estiveram ausentes nessas culturas e sociedades, a propósito das quais alguém se perguntou há tempos: quanta sabedoria tivemos que perder para ganhar em conhecimento? O puro etnocentrismo dos letrados ocidentais, para quem o livro aparece como único caminho da reflexão e do saber na humanidade, necessita de um mínimo de perspectiva histórica e de cosmopolitismo que os tire da miopia que faz com que confundam seu umbigo com o mundo.

Por outro lado, é necessário ler "La ciudad letrada" ("A cidade das letras"), de Angel Rama (1985), para descobrir toda a exclusão social, política e cultural que o livro legitimou nas mãos dos colonizadores e de seus herdeiros crioulos. O texto de Rama me lembra sempre da pergunta do historiador francês Michelet: quem ajudou realmente que a classe operária na França aprendesse a ler, chegasse a ler? E responde: muito menos os intelectuais ilustrados – que, como Voltaire, pensavam que o livro traz prazeres não desfrutáveis pelo povo simples – que os donos dos jornais, quando conscientes de que a invenção da rotativa permitia centuplicar a tiragem do jornal, começaram a buscar e experimentar escritas e narrativas que possibilitavam ampliar o público leitor e tornar rentável o invento; assim, fizeram nascer os *gêneros populares* do folhetim e o romance seriado.

Então, não é certamente da proximidade de sua morte do que fala a crise do livro, mas que ele deixará de ser o centro do universo cultural (Eco, 1991) e da pluralização tanto dos modos de existência do texto escrito como de seus usos sociais. O que, por sua vez, parece implicar que a leitura está perdendo seu foco para desdobrar-se sobre *outras escrituras e textos*: do *videogame* ao videoclipe, do grafite ao hipertexto.

O livro atravessa hoje uma situação em certo sentido análoga à que vive a nação (Nora, 1992). Esta se encontra presa entre o redescobrimento do local/regional, como espaço de identidade e tomada de decisões, e as dinâmicas transnacionais da economia-mundo e a interconexão universal dos circuitos comunicativos via satélite e informática. Tensionada entre o duplo movimento do local e do global, a nação se vê exigida a redefinir sua própria função e seus modos de relação tanto com um interior diverso e fragmentado como com um "fora", que deixa de sê-lo devido à recolocação radical do sentido das fronteiras. Também o livro se vê preso em nossos países entre a força local de uma oralidade, que é modo de comunicação cotidiano, organizador e expressivo de maneiras particulares de relação com o mundo e de formas de sociabilidade, e o poderoso movimento de desterritorialização de sensibilidades e comportamentos impulsionado pelos meios audiovisuais e os dispositivos de informação a partir do âmbito dos modelos de narração (Gonzalez Requena, 1986) e em geral dos modos de produção e difusão de textos (Vilches, 2001).

Mas o "mal-estar nacional" (Schwarz, 1986) não é somente um efeito da globalização, mas a manifestação mais flagrante do déficit em nossos países de uma *cultura em comum*, que é hoje um dos melhores sinônimos de *público*. Esse mal-estar foi lucidamente decifrado pelo historiador colombiano Germán Colmenares (1987: 78) na contramão do que revela a historiografia latino-americana do século XIX: "para intelectuais situados em uma tradição revolucionária não só o passado colonial parece estranho, mas também a população em geral que se agarrava a *uma síntese cultural* que nele se havia operado". Estranhamento que conduziu muitos a uma "resignação desencantada", que era uma falta de reconhecimento da realidade, "falta de *vocabulário para nomeá-la*" e uma surda hostilidade ao espaço das subculturas iletradas. O diagnóstico de Colmenares é bem certeiro e iluminador da experiência atual, pois também agora a população em geral está experimentando misturas, hibridizações culturais, que desafiam tanto as categorias como os vocabulários que permitam pensar e nomear o nacional. Precisamos, então, como nos lembra constantemente Carlos Monsivais, deslocar o olhar sobre a configuração do nacional para examiná-la *a partir do popular em seu caráter de sujeito integrador*, isto é, de ator na construção de uma nação que acreditavam ter sido construída só por políticos e intelectuais. Da parte do *populacho* a nação

> implicou a vontade de assimilar e refazer as "concessões" transformando-as em vida cotidiana, a vontade de adaptar o esforço secularizador dos liberais às necessidades da superstição e da super-população, o gosto com que o fervor guadalupano

utiliza as novas conquistas tecnológicas. Uma coisa por outra: a Nação arrogante não aceitou os párias e estes a fizeram sua na contramão. (Monsivais, 1981: 38)

Mas o povo de que fala Monsivais vai das mulheres dos soldados da revolução às massas urbanas de hoje, e o que se trata de compreender aí é, antes de tudo, a capacidade popular de *converter em identidade* o que vem tanto de suas memórias como das expropriações realizadas pelas culturas modernas. O nacional não contraposto ao internacional, mas refeito permanentemente em sua mistura de realidades e mitologias, computadores e cultura oral, televisão e *corridos*.* Uma identidade que tem menos de conteúdo que de *método* para interiorizar o que vem de "fora" sem graves danos nos aspectos psíquico, cultural ou moral.

A história da alienação e exclusão que tem marcado a formação e o desenvolvimento dos Estados-nação na América Latina apenas começou a tematizar as relações fundacionais entre nação e narração (Bhabha, 1990). Pois assim como a partir das sucessivas constituições, também a partir dos "parnasos e museus fundadores os letrados pretenderam dar corpo a um sentimento, construir um imaginário de nação", no qual tem estado em jogo "o discurso da memória feita a partir do poder", um poder que se constitui na "própria violência da representação que define uma nação branca e masculina, no melhor dos casos mestiça" (Rojas, 2001). Fora dessa nação representada ficarão os indígenas, os negros, as mulheres, todos aqueles cuja diferença

---

* N.T.: Composição característica de alguns países da América Latina, geralmente octossílaba e com variedade de assonâncias, cantada a duas vozes e com acompanhamento musical.

dificultava e desgastava a construção de um sujeito nacional homogêneo. Daí, tudo o que as representações fundadoras tiveram de simulacro: de representação sem realidade representada, de imagens deformadas e espelhos deformantes nos quais as maiorias não podiam se reconhecer. O esquecimento que exclui e a representação que mutila estão na própria origem das narrações que fundaram essas nações. Porém, em poucos países a violência do letrado produzirá relatos tão largamente excludentes – no tempo e no território – como na Colômbia dos gramáticos que foram estudados por Malcon Deas (1993: 35). Esse país em que "a gramática, o domínio das leis e dos mistérios da língua foram um componente muito importante da hegemonia conservadora que durou de 1885 até 1930, e cujos efeitos persistiram até tempos muito mais recentes". Convertida em moral de Estado, a gramática procurou impor a ordem dos signos na mais desordenada realidade social, ao mesmo tempo que o formalismo linguístico, reforçando o formalismo legalista, se pôs a serviço da exclusão cultural.

Por tudo isso acaba sendo desmistificador pensar o livro como parte ele mesmo dos *meios de comunicação*, e como tal vendo-se definido tanto pela materialidade de seus suportes como pelas modalidades de suas escrituras e suas formas de relação, isto é, os usos sociais que configuram essas mudanças. A descentralização que o livro sofre no mundo hoje perde sua dramaticidade quando é colocado em uma perspectiva histórica, como a que vem traçando nos últimos trinta anos Roger Chartier (1992; 2000). Pois revela um processo que fará do livro, sucessiva e também recorrentemente, um modo de comunicação com a divindade e um instrumento de poder das castas sacerdotais, uma reserva de saber e um meio de ensino, a expressão da riqueza do príncipe e o arquivo de negócios, uma cadeia de significações e um instrumento de incorporação social das classes populares, um modo de expansão e expressão da dilacerada consciência do indivíduo e o registro do cálculo, indústria cultural e *best-seller*, isto é, meio de exclusão e de inclusão social, de rebelião e de controle ideológico, de integração e de fragmentação cultural.

O que nessa história está em jogo não são só os avatares materiais do objeto-livro, mas, sobretudo, os de seus usos: os diversos modos de ler (Jauss, 1979; Chartier, 1987). Pois a leitura privada, a do "indivíduo em sua solidão" de que fala Walter Benjamin a propósito da novela, não é mais que a leitura que privilegia a modernidade, mas que foi precedida por múltiplas formas de leitura coletiva: desde a disciplinadora leitura dos conventos e das cadeias até a relaxada leitura das festas noturnas populares, nas quais, segundo conta Dom Quixote, "quando é tempo da ceifa, reúnem-se durante as festas muitos ceifadores e sempre tem algum que sabe ler, pega algum destes livros (de cavalaria) nas mãos e ficamos em torno dele mais de trinta e ficamos a escutá-lo com tanto gosto que nos rejuvenesce"; desde a leitura praticada no século XIX pelos anarquistas andaluzes, que compravam o jornal ainda sem saber ler para se juntar com os outros correligionários e buscar algum que o lesse; até aquela que se fazia nas fábricas de tabaco em Cuba em pleno século XX, quando eram lidas histórias folhetinescas e politicamente edificantes enquanto operários e operárias torciam as folhas de tabaco (Litvak, 1981; Ortiz, 1973). Uma prática de leitura que está sem dúvida na base do entretenimento e da sensibilidade que gestaram a radionovela cubana.

Então, a atual crise da leitura entre os jovens talvez tenha menos a ver com a sedução que exercem as novas tecnologias e mais com a profunda reorganização por que passa o mundo das escritas e dos relatos, e a consequente transformação dos modos de ler, ou seja, com o desconcerto que entre os mais jovens é produzido pela obstinação em continuar pensando a leitura unicamente como modo de relação com o livro e não com a pluralidade e heterogeneidade de textos e escrituras que hoje circulam. O velho medo das imagens é carregado hoje de um renovado prestígio intelectual: trazido ultimamente pela denúncia da espetacularização que elas produzem e a simulação a que nos submetem. Denúncia que, embora exata, corre, entretanto, o risco de nos impedir de presumir a envergadura "real" das mudanças. Pois se já não se pode ver nem representar como antes, tampouco se pode escrever nem ler como antes. Já que não estamos somente frente a um "fato tecnológico" ou à dominação de uma lógica comercial, mas sim diante de mudanças profundas em todas as práticas culturais de memória, de saber, de imaginário e de criação, que nos introduzem em uma mutação da sensibilidade ou, como diz Renaud (1990), em uma *nova era do sensível.*

Há, entretanto, um lugar onde essa mutação se converteu em um decisivo conflito de culturas: a escola. Mas a escola esconde e escamoteia seu conflito com a cultura audiovisual, reduzindo-a a seus efeitos morais, ou seja, traduzindo-o em discurso de lamentações sobre alguns meios – especialmente a televisão, o *walkman,* os *videogames* – que roubam o tempo livre dos jovens, manipulam sua ingenuidade e idealismo, inoculam superficialidade e conformismo, fazendo-os avessos a qualquer tarefa séria, desvalorizam o livro e a leitura exigente.

O LIVRO E OS MEIOS

Traduzindo para esses termos, o conflito falaria unicamente da luta da escola contra a pseudocultura do entretenimento, que seria da passividade conformista e desse novo analfabetismo que encobrem a proliferação de imagens e da música-ruído. Mas o que essa redução oculta é que o mundo audiovisual está desafiando a escola em níveis mais específicos e decisivos: o da "sociedade da informação" e o dos novos espaços e formas de socialização. A experiência cotidiana do professor atesta, no entanto, a deformadora presença na vida escolar de lógicas, saberes e relatos que escapam a seu controle. Ao mesmo tempo, os meios audiovisuais constituem um novo e poderoso âmbito de socialização (Bell, 1987; Maffesoli, 1990), isto é, de elaboração e transmissão de valores e pautas de comportamento, de padrões de gosto e de estilos de vida, reordenando e desmontando velhas e resistentes formas de intermediação e autoridade que configuravam até pouco tempo o estatuto e o poder social da escola.

Nem lamentações nem escamoteamentos podem, entretanto, eliminar a resistência dos jovens a uma educação baseada exclusivamente nos princípios e nas técnicas da cultura letrada. Daí que de alguma forma a escola procura introduzir e fazer uso dos meios, mas se trata unicamente de um uso modernizador e instrumental (Caviano, 1985; Krohling, 1986). Em geral, a presença na escola do videocassete ou do computador faz parte do conjunto de gestos que é indispensável para que a cara, ou melhor, a fachada da educação mude, deixando o resto igual. São gestos dirigidos mais para fora que para dentro, pois é o prestígio do colégio que se veria comprometido pela ausência de certas tecnologias em si mesmas portadoras de um *status* moderno, ou melhor, modernizador. Complementar a esse uso

A COMUNICAÇÃO NA EDUCAÇÃO

está a concepção – predominante não só entre os professores, mas também entre os caros tecnólogos da educação que dirigem o sistema educativo – segundo a qual a renovação decorreria da mudança das técnicas e da introdução de tecnologias. Uma renovação que se esgota bem rápido, pois fica reduzida à capacidade *amenizadora* de alguns dispositivos incapazes de deter a deterioração da relação escolar, mas capazes de amenizar o tédio da rotina cotidiana. O que conduz necessariamente a um *uso instrumental* dos meios ou das tecnologias: que é aquele que abstraindo os meios de suas peculiaridades comunicativas, e de sua densidade cultural, serve-se delas unicamente como "ajudas" exteriores ao processo pedagógico ou como exercícios puramente formais: aprende-se a usar o computador não para inseri-lo como estratégia de conhecimento, mas para que o aluno possa atestar que aprendeu a usá-lo.

TRANSFORMAÇÕES SOCIOTÉCNICAS DOS MEIOS

A revolução tecnológica que vivemos não afeta apenas individualmente a cada um dos meios, mas produz transformações transversais que se evidenciam na emergência de um *ecossistema educativo* conformado não só por novas máquinas ou meios, mas por novas linguagens, escritas e saberes, pela hegemonia da experiência audiovisual sobre a tipográfica e a reintegração da imagem ao campo da produção de conhecimentos. Isso está incidindo tanto sobre o sentido e o alcance do que entendemos por comunicar como também sobre a particular realocação de cada meio nesse ecossistema e nas relações dos meios entre si.

O LIVRO E OS MEIOS

O ponto de partida das atuais mudanças situa-se nos anos 1980, período em que entra no vocabulário a categoria de *transnacional* e decolam as *novas tecnologias*. Não pode ser mais significativo que na "década perdida" dos 1980 umas das poucas indústrias que se desenvolveram na América Latina tenho sido precisamente a da comunicação: o número de emissoras de televisão multiplicou – de 205 em 1970 passou para 1.459 em 1988 –, Brasil e México adotaram satélites próprios, a rádio e a televisão abriram conexões mundiais via satélite, implantaram-se redes de informações, fibra óptica, antenas parabólicas, TV a cabo, e se implantaram canais regionais de televisão (Alfonzo, 1990). Mas todo esse crescimento se produziu sem quase nenhuma intervenção do Estado, ou, pior ainda, minando o sentido e as possibilidades dessa intervenção, deixando sem lugar efetivo o espaço/serviço público, e aumentando as concentrações monopólicas. Em meados dos anos 1980, escrevi (Martín-Barbero, 1986) que o lugar de jogo do ator transnacional não se encontra só no âmbito econômico – a desvalorização dos Estados em sua capacidade de decisão sobre as próprias formas de desenvolvimento e as áreas prioritárias de investimento –, mas na hegemonia de uma racionalidade dessocializadora do Estado e legitimadora da dissolução do público. O Estado deixa de ser a garantia da coletividade nacional como sujeito político e converte-se em gerente dos interesses privados transnacionais.

A conversão dos meios em grandes empresas industriais encontra-se ligada a dois movimentos convergentes: a importância estratégica que o setor das telecomunicações começa a jogar, desde finais dos anos 1980, na política de modernização e abertura neoliberal da economia, e a pressão que, ao mesmo tempo, exercem as transformações tecnológicas em direção à *desregulação* da estrutura e gestão dos meios. Em poucos anos essa convergência redesenha o mapa. O meio que registra mais rapidamente as mudanças é o *rádio*, a quem a modernização tecnológica torna *flexível* em um duplo sentido: a FM (frequência modulada), tornando mais ligeiros os equipamentos e os custos tecnológicos, possibilita uma grande diversificação das emissoras de uma mesma cadeia, dedicadas totalmente a segmentos precisos de audiência, não só por gêneros – notícias, música –, senão por segmentos de idade e de gostos; por outro lado, a conexão via satélites torna possível a instantaneidade da notícia vinda de qualquer parte do mundo, o que conduzirá a modelos de programação mais maleáveis, por módulos armáveis nos quais cabe uma grande diversidade de subgêneros e onde são facilmente inseridas as "notícias ao vivo". Apoiada no primeiro tipo de flexibilidade, é produzida também uma segunda geração de emissoras locais e comunitárias (Roncagliolo, 1996) através das quais movimentos sociais de bairros ou locais e ONGs encontram na rádio a possibilidade de um novo tipo de espaço público: já não para ser representados, mas reconhecidos a partir de suas próprias linguagens e relatos.

Por outro lado, a imprensa escrita é o meio que mais tardiamente e com maiores receios inseriu-se na revolução tecnológica. Mas as tendências dessa inserção são mais preocupantes. Pois, ao mesmo tempo que reforçam o monopólio da informação escrita por algumas poucas empresas, ameaçam a existência do jornalismo investigativo. Quanto ao primeiro caso, pode servir como um bom exemplo as transformações que nos últimos tempos tem experimentado o jornal *El Tiempo*, de

Bogotá, que domina atualmente cerca de 80% dos leitores do país: inaugurou edições via satélite em Cali e outras cidades do país, formou cadeias de imprensa semanal em um bom número de capitais de estados e possui imprensa de bairro em Bogotá, acolhe diariamente em sua seção de economia várias páginas do *Wall Street Journal* e publica um fascículo semanal da revista *Time*. Em relação ao segundo, parece que as apropriações do computador e das novas tecnologias de *design* possibilitaram, antes de tudo, à imprensa competir com a televisão: predomínio da imagem sobre o texto escrito até os disparates extremos nas edições de domingo, brevidade dos artigos, com tendência a ser cada dia mais curtos e mais facilmente digeridos. Por sua vez, as mudanças introduzidas pelas novas tecnologias na produção material e formal do jornal refazem amplamente a geografia dos ofícios jornalísticos, implicando mais diretamente os jornalistas na feitura formal do jornal, enquanto facilita a concentração das decisões sobre o que é realmente publicado e o peso dado a cada informação. Um segundo aspecto da relação entre imprensa escrita e inovação tecnológica está na edição eletrônica dos principais jornais e revistas de cada país, possibilitando a multiplicação de leitores tanto dentro como fora do país, e a multiplicidade de modos de leitura, o que está recolocando tanto a oposição apocalíptica maniqueísta entre o mundo da escrita e da imagem como a crença em apenas um modo de leitura, o tipográfico.

A envergadura da incidência das mudanças tecnológicas nas transformações da televisão remete, de um lado, à presença já permanente, em cada país, das imagens globais, incluindo a globalização das imagens do nacional; e de outro, aos movimentos de democratização que vêm de baixo, que encontram nas tecnologias – de produção, como a câmera

A COMUNICAÇÃO NA EDUCAÇÃO

portátil; de recepção, como as parabólicas; de pós-produção como o computador; e de difusão, como o cabo – a possibilidade de multiplicar as imagens de nossa sociedade da região ao município e inclusive ao bairro. Ainda que para a maioria dos críticos o segundo movimento não possa ser comparado com o primeiro devido à desigualdade das forças em jogo, sou dos que pensam que subestimar a convergência das transformações tecnológicas com o surgimento de novas formas de cidadania – o que já, sozinho, antecipara Walter Benjamin ao analisar as relações do cinema com o surgimento das massas urbanas – só pode nos levar de volta ao maniqueísmo míope que tem paralisado durante anos a visão e a ação da imensa maioria da esquerda no campo da comunicação e da cultura. Claro que o sentido do local ou do regional nas televisões a cabo varia enormemente, pois vai desde o mero negócio até o melhor do comunitário. Mas são novos atores os que, em não poucos casos, ganham corpo através dessas novas modalidades de comunicação que conectam – redesenhando-as – as ofertas globais via parabólicas e cabo com as demandas locais. Há também, no que concerne às novas modalidades de televisão, outro âmbito de contradições para levar em conta: o surgimento na cena latino-americana que, carregada de esquematismos e deformações – mas também de polifonias –, estão realizando as subsidiárias latinas da CBS (nos EUA) e CNN em alguns países, que, com frequência, estão imersos em uma pobre informação internacional, especialmente no que diz respeito a de outros países da América Latina. As descontextualizações e futilidades de que está feita boa parte da informação que difundem essas cadeias de televisão não devem nos ocultar a abertura e o confronto de informação que elas possibilitam, pois no seu entrecruzamento de imagens se desfazem e refazem imaginários que, realocando o local, situam-nos em um certo espaço latino-americano.

Apesar do que se pensa a partir de uma concepção instrumental e a-histórica, a função dos meios em nossas sociedades mudou em muitos e diversos sentidos, além de terem sido coprotagonistas das mudanças que nos levaram de uma sociedade tradicional, de unanimidade e confessional, a outra moderna, secularizada e plural, passando por sociedades que configuraram o populismo, o desenvolvimentismo e o neoliberalismo. Assim, a função que cumpriram os meios na "primeira modernidade" latino-americana dos anos 1930-1950 – que configuraram especialmente os populismos no Brasil, no México e na Argentina – respondeu ao projeto político de constituir esses países em nações modernas mediante a criação de uma cultura e de uma identidade nacional. Esse projeto foi possível em boa parte pela comunicação, que os meios possibilitaram, entre as massas urbanas e o Estado. Os meios, em especial o rádio, converteram-se em porta-vozes da interpelação que a partir do Estado convertia as massas em povo e o povo em nação. O rádio, em todos os países, e o cinema, em alguns deles – México, Brasil, Argentina –, fizeram a mediação entre as culturas rurais tradicionais e a nova cultura urbana da sociedade de massas, introduzindo nela elementos de oralidade e de expressividade daquelas, e possibilitando fazer a passagem da racionalidade expressivo-simbólica à racionalidade informativo-instrumental que organiza a modernidade.

O processo que vivemos hoje não é apenas distinto, mas em boa medida inverso: os meios de comunicação são um dos mais poderosos agentes de desvalorização do nacional. O que a partir deles configura-se hoje, de uma maneira mais explícita na percepção dos jovens, é a emergência de culturas que, como no caso das musicais e audiovisuais, ultrapassam a adscrição territorial pela conformação de "comunidades hermenêuticas" dificilmente compreensíveis a partir do nacional. Culturas que por estarem ligadas a estratagemas do mercado transnacional da televisão, do disco e do vídeo não podem ser subvalorizadas no que elas implicam de novos modos de perceber e de operar a identidade. Identidades de temporalidades menos "longas", mais precárias, dotadas de uma plasticidade que lhes permite amalgamar ingredientes que provêm de mundos culturais muito diversos e, portanto, atravessadas por fortes descontinuidades, em que convivem gestos atávicos, resíduos modernistas, ecletismos pós-modernos. Assim, os meios põem em jogo um contraditório movimento de globalização e de fragmentação da cultura, que é ao mesmo tempo de deslocalização e revitalização do local.

Também no plano político a "identidade" dos meios tem mudado profundamente. De um lado, os meios estão passando de meros intermediários das formações políticas com a sociedade a mediadores na constituição do sentido mesmo do discurso e da ação política. De meros transmissores de informação ou de doutrina e palavras de ordem, os meios começaram a *atuar* na política – ainda que aí se disfarcem outras intenções e interesses – como fiscalizadores da ação do governo e da corrupção nas diferentes instituições do Estado (Rey, 1998). Atuam também ao estimular e apoiar a presença de candidatos independentes ou civis e ao facilitar a interlocução entre Estado e organizações da sociedade civil.

O LIVRO E OS MEIOS

Mediante essas novas *atuações*, os meios procuram, à sua maneira, responder às novas demandas sociais e às novas figuras do político (Alfaro, 1995). E nessa procura estão se vendo obrigados a ir mais além dos interesses de seus aliados tradicionais para abrir a interlocução com organizações nacionais e locais de tipo cívico ou ecológico, dando igualmente origem a interlocutores provenientes do âmbito das ciências sociais e das transformações culturais. De outro lado, as novas tensões estratégicas, que forçam os meios a mudar, localizam-se entre seu caráter predominantemente comercial, o reordenamento de suas relações com o Estado e o surgimento de novas figuras e expressões de liberdade, entre sua procura por independência e as condições que criam os processos de globalização, entre suas tendências à inércia e as transformações que impõem as mudanças tecnológicas e as novas demandas dos públicos.

Pela forma como os meios se relacionam com o público, ocorre, finalmente, uma das mudanças mais importantes: a transformação da cultura de massas em uma cultura segmentada. Isso responde à forma como a indústria midiática tem sabido assumir que o público ou a audiência não designa um ente indiferenciado e passivo, mas uma forte diversidade de gostos e modos de consumir (Bisbal e Nicodemo, 1996). Nos últimos anos, os meios interpelam e constroem uma audiência que, ainda que seja massiva pela quantidade de pessoas a quem se dirige, não o é em relação à uniformidade e à simultaneidade das mensagens. O que obriga a repensar a visão que identifica cultura midiática com homogeneização cultural. É certo que há homogeneização em nossa sociedade, mas ela, mais do que um efeito dos meios, é condição de funcionamento do mercado em geral, enquanto os atuais modos de produção cultural dos meios

73

vão na direção da fragmentação e especialização das ofertas e dos consumos. Ora, a construção de públicos que tem representado, a partir da imprensa do século XIX, um papel democratizador na sociedade, ao abrir o acesso de bens informativos e culturais a setores diferentes das elites, adquire hoje uma marcada ambiguidade. Se a segmentação de públicos continua, em certa medida, tendo um papel democratizador – como é o caso das emissoras musicais que atendem às demandas de diferentes grupos de idade e de diversos tipos de gostos/consumos culturais –, estamos, entretanto, diante de uma fragmentação da oferta que funcionaliza as diferenças socioculturais aos interesses comerciais, isto é, tende a construir somente diferenças vendáveis.

Por outro lado, se continuamos necessitando de um espaço cultural latino-americano, ele não pode ser pensado hoje fora do processo de integração (García Canclini, 1996) impulsionado por uma globalização tecnoeconômica que faz do espaço nacional um marco cada dia mais insuficiente para aproveitá-la ou para defender-se dela. O mais poderoso movimento de integração – entendida como superação de barreiras e indefinição das fronteiras – é o que ocorre com os meios de comunicação e as tecnologias da informação. Se já foi assim no passado – imaginários latino-americanos do cinema, de seus mitos e suas estrelas, e do bolero, do tango ou da *ranchera*[*] –, é o mesmo, ou até mais, hoje com a telenovela e a salsa, com o rock latino e até com o canal latino da MTV, também com suas estrelas e seus mitos. Só que essa integração faz parte hoje de um movimento de globalização mais poderoso, que ao mesmo tempo nos desintegra ao fazer prevalecer as exigências de competitividade entre

---

[*] N.T.: Canção ou dança popular em diversos países latino-americanos.

os Blocos (Tratados de Livre Comércio, Mercosul), acima das de cooperação e complementaridade regional, e ao subsumir a diferença heterogênea de nossas culturas na tendência de indiferença do mercado. É a partir dessa contraditória integração que se deve repensar o papel estratégico dos meios na construção de um espaço público latino-americano, pois as políticas de comunicação não podem ser definidas hoje no espaço excludente do nacional já que seu espaço real é mais amplo e complexo: o da diversidade das coletividades locais dentro da nação e do espaço cultural latino-americano.

RECONFIGURAÇÕES COMUNICATIVAS DO SABER E DO NARRAR

O desordenamento dos saberes e as mudanças nos modos de narrar estão produzindo uma forte explosão nos moldes escolares da *sensibilidade, reflexividade* e *criatividade*, colocando em um lugar estratégico o alargamento dos modos de sentir e de pensar, assim como a articulação entre lógica e intuição. Não há senão uma imaginação humana que formula e inventa, gesta hipóteses e cria música ou poesia. É a mesma imaginação que se expressa também na *participação,* mobilizando e renovando o *capital social*: essa "taxa" de confiança e reciprocidade sem as quais a sociedade se desfaz. Trama que se sustenta nos paradoxos da gratuidade que, segundo Marcel Mauss, são a chave da troca em que se constitui o social, e na impossibilidade, obstinadamente apresentada por Walter Benjamin, de que o sentido chegue a ser substituído pelo valor. Se comunicar é compartilhar a significação, participar é compartilhar a ação. A *educação* seria, então, o lugar decisivo de seu entrecruzamento. Mas para isso deverá se converter no espaço de conversação dos saberes e narrativas que configuram as oralidades, as literalidades e as visualidades. Pois das mestiçagens que entre elas se tramam é de onde se vislumbra e se expressa, ganha corpo o futuro.

O QUE SIGNIFICA *SABER*
NA ERA DA INFORMAÇÃO?

> O que mudou não é o tipo de atividades em que
> participa a humanidade, o que mudou é sua capacidade
> tecnológica de utilizar como força produtiva direta o que
> distingue a nossa espécie como raridade biológica, isto é,
> sua capacidade de professar símbolos.
>
> Manuel Castells

O *lugar* da cultura na sociedade muda quando a mediação tecnológica da comunicação deixa de ser meramente instrumental para espessar-se, adensar-se e converter-se em estrutural. Pois a tecnologia remete hoje não à novidade de uns aparatos, mas sim a novos modos de *percepção* e de *linguagem*, a novas sensibilidades e escrituras. Radicalizando a experiência de desencaixe produzida pela modernidade, a tecnologia desloca os saberes modificando tanto o estatuto cognitivo como institucional das *condições do saber*, conduzindo a um forte apagamento das fronteiras entre razão e imaginação, saber e informação, natureza e artifício, arte e ciência, saber experto e experiência profana. O que a trama comunicativa da revolução tecnológica introduz em nossas sociedades não é, pois, tanto uma quantidade inusitada de novas máquinas, mas um novo modo de relação entre os processos simbólicos – que constituem o cultural – e as formas de produção e distribuição de bens e serviços. A "sociedade da informação" não é, então, apenas aquela em que a matéria-prima mais cara é o conhecimento, mas também aquela em que o desenvolvimento econômico, social e político encontra-se intimamente ligado à inovação, que é o novo nome da criatividade e da invenção.

A COMUNICAÇÃO NA EDUCAÇÃO

Descentramentos: deslocamento e disseminação

A partir de uma perspectiva histórica da produção social, podemos afirmar que o conhecimento está passando a ocupar o lugar que primeiro ocupou a força muscular humana auxiliada por utensílios e depois as máquinas operadas por trabalhadores, perspectiva a partir da qual faz sentido a expressão "revolução tecnológica". Com ela Castells nomeia o novo lugar ocupado pela tecnologia nas mutações de longo alcance que, sobre algumas das dimensões mais antropológicas da cultura e da sociedade – da linguagem aos modos de estar juntos –, produzem as *mudanças nos modos de circulação e produção do conhecimento.* Dos monastérios medievais até as escolas de hoje, o saber havia conservado o caráter de ser ao mesmo tempo centralizado territorialmente, controlado através de dispositivos técnico-políticos, e associado a figuras sociais de classe especial. Daí que as transformações nos modos como circula o saber constitua uma das mais profundas transformações que uma sociedade pode sofrer. A dispersão e a fragmentação, cuja culpa atribui-se aos meios, como se se tratasse de um efeito perverso, adquirem no plano das relações entre produção social e conhecimento um sentido outro, já que é disperso e fragmentado que o saber está podendo escapar ao controle e à reprodução que imperam em seus lugares legitimados de circulação. Cada dia mais estudantes testemunham uma desconcertante experiência: o reconhecimento de como o professor sabe bem sua aula e a incerteza de constatar a frequente defasagem entre as lógicas que estabilizam os conhecimentos transmitidos e as lógicas que mobilizam os saberes e linguagens que – sobre biologia ou física, literatura ou geografia – circulam fora da escola (Brunner, 1991). Daí que

80

diante dos alunos, cujo meio ambiente comunicativo enche-lhes cotidianamente desses saberes-mosaico que, na *forma de informação*, circulam pela sociedade, a reação mais frequente da escola seja entrincheirar-se em seu próprio discurso, pois qualquer outro modo de saber é percebido pelo sistema escolar como um atentado direto à sua autoridade.

Entendemos por *descentramento* (Martín-Barbero e Rey, 1999) o conjunto de processos e experiências, já assinalados no capítulo anterior, e que testemunham a ampliada circulação fora do livro de saberes socialmente valiosos. Deles faz parte a deslocalização que esses saberes apresentam em relação à escola (entendendo por esta o sistema educativo em seu conjunto desde o primário até a universidade). O saber se descentra, em primeiro lugar, em relação ao que foi seu eixo durante os últimos cinco séculos: o livro. Um processo/modelo que, com mudanças muito relativas havia moldado a prática escolar desde a inven-ção da imprensa, sofre hoje uma mutação cujo maior alcance está no aparecimento do texto eletrônico (Chartier, 2001), ou melhor, da hipertextualidade (Berk e Devlin, 1991) como novo modelo de organização e aprendizagem de conhecimentos. São mudanças que não vêm substituir o livro, mas sim retirá-lo de sua centralidade ordenadora das etapas e modos de saber que a estrutura-livro havia imposto não só à escrita e à leitura, mas também ao modelo inteiro de aprendizagem: linearidade sequencial de esquerda para direita, tanto física como mental, e verticalidade, de cima para baixo, tanto espacial como simbóli-ca. Somente colocadas em perspectiva histórica essas mudanças deixam de alimentar o viés apocalíptico com que a escola, os professores e muitos adultos olham a empatia dos adolescentes com esses outros modos de circulação e articulação dos saberes que são os meios audiovisuais, os *videogames* e o computador. Estamos diante de um descentramento culturalmente desconcertante, e a maioria do mundo escolar, em lugar de procurar entender, contenta-se com estigmatizar. Estigmatização que parte por desconhecer a complexidade social e epistêmica dos dispositivos e processos em que se refazem as linguagens, as escrituras e as narrativas. Quando é isso o que verdadeiramente está na base dos adolescentes, eles não entendem o que faz a escola e não leem da maneira como os professores continuam entendendo o que seja ler.

É bem significativo que quem de forma mais lúcida e valente nos colocou frente à envergadura das mudanças que nessa ordem de coisas em que vivemos não foram os tecnólogos ou tecnocratas, mas um dos maiores historiadores da leitura e da escrita do Ocidente, Roger Chartier (2003: 13-20), e um linguista nada entusiasta dessas mudanças como Raffaele Simone (2000: 37-43). Esses autores afirmaram que a revolução que introduz o texto eletrônico não é na realidade comparável com a da imprensa – já que o que esta fez foi pôr em circulação textos já existentes, como a Bíblia, cuja difusão era o objetivo próprio que Gutenberg deu ao seu invento –, mas com aquela outra mais longa mutação introduzida pelo aparecimento do alfabeto.

Hoje, os saberes – incluindo os mais tradicionalmente associados ao livro – escapam de sua modelização hegemônica em uma leitura e uma aprendizagem confinadas à lógica da normalização da sequência das séries e à inevitabilidade dos saberes preestabelecidos como requisitos (Meyrowitz, 1985). As etapas de formação da inteligência na criança são hoje repensadas a partir da reflexão que tematiza e ausculta uma experiência social, que coloca em questão tanto a visão linear das sequências como o "monoteísmo da inteligência" que se conservou inclusive na proposta de Piaget. Pois psicólogos e pedagogos constatam hoje na aprendizagem infantil e adolescente inferências, "saltos na sequência", que são da maior significação e relevância para os pesquisadores das ciências cognitivas. A dramaticidade dessas mudanças começou a fazer-se visível no fim dos anos 1960 e princípio dos 1970, quando se introduziu no ensino primário a matemática dos conjuntos. Por volta desses anos, na França, dois professores já idosos suicidaram-se ao constatar que crianças do ensino primário aprendiam e resolviam problemas de logaritmos que até então eles haviam ensinado nos últimos anos do secundário. Sentiram que esse salto tornava, de algum modo, sem sentido suas longas trajetórias de trabalho.

O movimento de deslocalização torna-se de *destemporalização* quando a aprendizagem escapa também das demarcações sociais que estabeleciam seu tempo no comum das pessoas. Menos ligado aos conteúdos que aos modos de elaboração e compreensão, a aprendizagem escapa agora também das demarcações de idade e das demais delimitações temporais que facilitavam sua inscrição em um só tipo de lugar, agilizando seu controle. A educação *continuada* ou a aprendizagem *ao longo da vida*, exigida pelos novos modos de relação entre conhecimento e produção social, as novas modalidades de trabalho e a reconfiguração dos ofícios e profissões, não significa o desaparecimento do *espaço-tempo escolar*. Mas as condições de existência desse tempo, e de sua particular *situação* na vida, se veem transformadas radicalmente não só porque agora a escola tem que conviver com *saberes-sem-lugar-próprio*, mas porque inclusive os saberes que nela se ensinam encontram-se atravessados por *saberes do ambiente* tecnocomunicativo regidos por outras modalidades e ritmos de aprendizagem que os distanciam do modelo de comunicação escolar. O fato de que na América Latina a escola se beneficie ainda de um prestígio conquistado em razão do *plus* social que implica o título escolar em sociedades onde a maioria não passa da educação primária não deve nos enganar acerca da pressão que o sistema escolar recebe do desordenamento dos saberes implicado nas transformações sociotécnicas da informação e do conhecimento. Descentramentos e deslocalizações que estão produzindo uma *disseminação* do conhecimento, que estende o apagamento das fronteiras das disciplinas para aquelas outras fronteiras que separavam o conhecimento tanto da informação como do saber comum. Não se trata só da intensa divulgação científica que oferecem os meios massivos, mas da desvalorização crescente da barreira erguida pelo positivismo entre a ciência e a informação, pois certamente não são o mesmo tipo de saber, mas também não são já tão nitidamente opostos em todos os sentidos. É claro que não estamos nos referindo à informação jornalística, mas à *informação* no sentido dado pelas teorias da comunicação e que adquiriu ultimamente na produção e na gestão. A disseminação nomeia, então, o poderoso movimento que apaga muitas das demarcações modernas que o racionalismo, primeiro, a política acadêmica, depois, e a permanente necessidade de legitimação do *aparato* escolar foram acumulando ao longo de mais de dois séculos.

De um lado, a pista-chave para situar essa mudança é a traçada pela reflexão desses sociólogos-filósofos que, na linha aberta por Max Weber e George Simmel, encarnam hoje Zigmund Bauman e Ulrich Beck. Em seu texto *Modernidad y ambivalência* (*Modernidade e ambivalência*), Bauman (1995) nos descobre o laço que prende o projeto metafísico ocidental de *pensar o ser* ao projeto da razão moderna: *pensar a ordem*. Pois em ambos os projetos de saber, o do ser e o da ordem, deixam de ser objeto do pensar para se converter no *lugar desde* o qual se pensa. A *ordem* constitui-se então na categoria fundante da razão moderna como foi o *ser* para o pensamento metafísico. Atribuindo-nos a tarefa de repensar as tradições das categorias a partir das quais pensamos, Bauman vê na centralidade da *ordem* a operação fundante do classificar, isto é, do *separar*, que resulta da referência de cada objeto a uma só categoria. Através do classificar, a linguagem nos propõe um mundo livre da ambiguidade e da arbitrariedade a que nos submetem a contingência, arrancando-nos da *insegurança* que implica a ambivalência: o contrário da ordem moderna não seria outra ordem, mas sim o caos. Mas acontece que a descontinuidade em que se baseia o classificar, isto é, a discrição e a transparência do mundo, vê-se hoje contradita e ofuscada por um movimento que é ao mesmo tempo de autopropulsão e autodestruição: ao tentar reduzir a ambivalência a um problema de *especialistas*, de informação pertinente e aplicação de tecnologia adequada, o conhecimento fomenta e multiplica os riscos.

Beck (1998) vê justamente nesse movimento a passagem da modernidade industrial a uma *segunda* modernidade geradora da *sociedade do risco*. Que é aquela em que se enfrentaram não os *perigos* colaterais que implicava a industrialização, mas os riscos que ameaçam estruturalmente a sociedade atual. Pois a modernidade chegou a um ponto no qual sua própria racionalidade, sua própria lógica de conhecimento, especializado, experto, tornou-se fonte de risco para a sociedade. E desse *risco* a sociedade não pode se liberar mais a não ser, primeiramente, pensando-se a si mesma como problema. Anthony Giddens, Ulrich Beck e Scott Lash (1995) chamam de *reflexividade* à capacidade da própria modernidade de se questionar e assumir que alguns dos objetivos mais importantes de seu projeto emancipador estão sendo radicalmente pervertidos; e, segundo, mediante a articulação dos conhecimentos especializados com aqueles outros saberes que provêm da experiência social (De Sousa Santos, 2000) e das memórias coletivas.

De outro lado, o desordenamento dos saberes encontra um de seus espaços mais polêmicos na reconfiguração que atravessa a figura do intelectual por sua aproximação à do especialista e do surgimento, nessa direção, do chamado *analista simbólico*, que pode ser tanto um desenhista industrial como um filósofo, pois é aquele que trabalha no processamento de símbolos que são ou podem ser assumidos socialmente como força produtiva. As contradições que isso gera têm sido pouco analisadas entre nós, e um desses poucos, José Joaquin Brunner (1993: 15), resume assim a questão:

> Os profissionais que tradicionalmente chamamos de pesquisadores sociais fazem parte – pelo menos um setor deles – da emergente categoria dos analistas simbólicos. Seu antigo papel, a produção de conhecimentos para ser usados por terceiros, está mudando rapidamente. A investigação como tal – vale dizer, como operação metódica destinada a descobrir conhecimentos e colocá-los em circulação para que outros agentes os utilizem e os apliquem nas decisões – passa a integrar-se com um componente mais próximo a uma noção de serviço que,

contudo, transborda-a por todos os lados. De fato, hoje se espera, e o mercado demanda, pesquisadores com disposição de produzir, usar e aplicar conhecimentos para a identificação, resolução e arbitragem de problemas [...]. É possível que a investigação social, entendida como atividade de analistas simbólicos em um mercado de serviços, retenha a dose de capacidade crítica que sua tradição reclama como uma de suas maiores conquistas? Parece ter chegado o momento em que o conhecimento deixa de ser de domínio exclusivo dos intelectuais e seus herdeiros mais especializados – investigadores e tecnocratas – para converter-se em um meio comum através do qual as sociedades organizam-se e mudam.

Novas figuras de razão

Um segundo plano de mudanças, menos visíveis socialmente, é aquele em que se situam as transformações dos *próprios modos de produção de conhecimento*. Trata-se da emergência de novas figuras de razão (Chartron, 1994; Renaud, 1995) que recolocam alguns dos traços mais paradigmáticos do processo de elaboração da ciência, como as que afetam a ideia de *certeza* (Prigogine, 1993) e de *experiência* (De Sousa Santos, 2000). Não há uma só racionalidade a partir da qual seja possível pensar todas as dimensões da atual mutação civilizatória. Um dos mais claros avanços aponta hoje para a crescente consciência da *complexidade* (Morin, 2000), incluindo a dissonância cognitiva que implica falar, como faz o

A COMUNICAÇÃO NA EDUCAÇÃO

próprio Edgar Morin (1999), da pluralidade de inteligências que entram em jogo quando hoje falamos de conhecimento. Mas talvez a mudança mais desconcertante para o racionalismo, com a qual a primeira modernidade foi identificada, seja a que introduz o *novo estatuto cognitivo da imagem*. A partir do mito platônico da *caverna*, e durante séculos, a imagem foi identificada com aparência e projeção subjetiva, o que a convertia em obstáculo estrutural do conhecimento. Ligada ao mundo do engano, a imagem foi, por um lado, assimilada como instrumento de manipulação, de persuasão religiosa ou política, e, por outro, expulsa do campo de conhecimento e confinada ao campo da *arte*. Hoje, novas formas de articular a observação e a abstração, baseadas no processamento – digitalização e trama de interfaces – das imagens, não só as removem de seu, até agora, irremediável *status* de "obstáculo epistemológico", senão que as covertem em ingredientes-chave de um novo tipo de relação entre a *simulação* e a *experimentação* científicas (Lévy, 1994).

A revalorização cognitiva da imagem passa paradoxalmente pela *crise da representação* examinada por Michel Foucault em *Les mots et les choses* (*As palavras e as coisas*, 1966). A análise inicia-se com a leitura do quadro *As Meninas* de Velázquez, leitura que nos propõe três pistas. Posto que estamos diante de um quadro no qual um pintor nos contempla, o que em realidade vemos é o reverso do quadro que pinta o pintor, e é nessa reversão que nós somos visíveis. O que podemos dizer do quadro, então, é que ele não fala do que vemos, pois "a relação da linguagem com a pintura é infinita. Não porque a palavra seja imperfeita, mas porque uma é irredutível à outra. O que se vê não se aloja, não cabe jamais, no que se diz" (1966: 25). Daí a essência da representação não ser o que mostra, mas a invisibilidade profunda a

88

partir da qual a vemos, e isso apesar do que se acredita que nos dizem os espelhos, as imitações, os reflexos e as ilusões ópticas. Agora, o que faz possível o conhecimento não é, como no pensamento clássico, o deciframento da *semelhança* em seu jogo de signos, em sua capacidade de vizinhança, imitação, analogia ou empatia. Nem tampouco a hermenêutica da escrita, que domina desde o Renascimento no reenvio de linguagens – da Escritura à Palavra – que coloca no mesmo plano as palavras e as coisas, o fato, o texto e o comentário. A partir do século XVII, o mundo dos signos se torna espesso e inicia a conquista de seu próprio estatuto, pondo em crise sua subordinação à representação tanto do mundo como do pensamento. E na passagem do século XVIII ao XIX, pela primeira vez na cultura ocidental, a vida escapa das leis gerais do ser tal como se dava na análise da representação; e com a vida, o trabalho transforma o sentido da riqueza em economia, e também a linguagem se libera do representar para enraizar em sua materialidade sonora e em sua expressividade histórica a expressividade de um povo. O fim da metafísica ajusta o quadro: o espelho em que no fundo da cena o rei se olha, e para quem olha o pintor, perde-se na irrealidade da representação. Em seu lugar emerge o homem vida-trabalho-linguagem. É a partir da trama significante que tecem *as figuras e os discursos* (as imagens e as palavras) e é partir da *eficácia operatória* dos modelos que se faz possível esse saber que hoje denominamos Ciências Humanas.

É justo no cruzamento dos dispositivos assinalados por Foucault – a economia discursiva e a operatividade lógica – onde se situa a nova *discursividade constitutiva da visualidade* e a nova identidade lógico-numérica da imagem. Estamos diante da emergência de *outra figura da razão*, que por uma

A COMUNICAÇÃO NA EDUCAÇÃO

parte exige pensar a imagem a partir de sua nova configuração sociotécnica: o computador não é um instrumento com que se produzem objetos, mas um novo tipo de *tecnicidade* que possibilita o processamento de informações e cuja matéria-prima são abstrações e símbolos. O que inaugura uma nova *ligação* de cérebro e informação, que substitui a relação exterior do corpo com a máquina. Trata-se da emergência de um novo paradigma de pensamento que refaz as relações entre a ordem do discursivo (a lógica) e do visível (a forma), da inteligibilidade e da sensibilidade. O novo estatuto cognitivo da imagem (Catalá Domenech, 2001) produz-se a partir de sua informatização, isto é, de sua inscrição na ordem do *numerizável*, que é a ordem do cálculo e de suas mediações lógicas: número, código, modelo. Registro que não apaga, porém, as muito diferentes figurações nem os efeitos da imagem, mas que mesmo em suas figuras mais funcionais agora remete menos aos efeitos que a uma nova *economia informacional* que recoloca a imagem (Levin, 1993; Lenain, 1997) nas antípodas da ambiguidade estética e da irracionalidade da magia ou da sedução. O processo aí entrelaça um duplo movimento. O primeiro, que prossegue e radicaliza o projeto da ciência moderna – Galileu, Newton – de traduzir/substituir o mundo qualitativo das percepções sensíveis pela quantificação e abstração lógico-numérica; e o segundo, que reincorpora ao processo científico o valor informativo do sensível e do visível. Uma nova *episteme qualitativa* abre a pesquisa para a intervenção constituinte da imagem no processo do saber: arrancada da *suspeição* racionalista, a imagem é percebida pela nova episteme como possibilidade de experimentação/simulação que potencializa a velocidade do cálculo e permite inéditos *jogos de interfaces,* de arquiteturas de linguagens. Paul Virilio denomina "logística visual" (Virilio, 1989: 85) a remoção que as imagens informáticas fazem dos limites e funções tradicionalmente designados à discursividade e à visibilidade, a dimensão operatória – controle, cálculo e previsibilidade –, a potência interativa (jogos de interfaces) e a eficácia metafórica (tradução do dado quantitativo a uma forma perceptível: visual, sonora, táctil). A visibilidade da imagem se torna *legibilidade* (Lascaut, 1986), o que a permite passar do estatuto de "obstáculo epistemológico" ao de mediação discursiva da fluidez (fluxo) da informação e do poder virtual do mental.

AS ORALIDADES CULTURAIS PERDURAM E TAMBÉM MUDAM

Só um interessado mal-entendido pode nos impedir de reconhecer que *sociedade multicultural* significa em nossos países não só a existência da diversidade étnica, racial ou de gênero, mas também outra heterogeneidade que se configura entre os *nativos*, sejam da cultura letrada, da cultura oral, da audiovisual e da digital. Culturas no sentido mais forte, posto que nelas emergem e se expressam os muitos e diferentes modos de ver e de ouvir, de pensar e de sentir, de participar e de desfrutar. Reivindicar a existência da cultura oral ou da videocultura não significa de modo algum desconhecer a vigência conservada pela cultura letrada, mas tão somente começar a desmontar sua pretensão de ser a única cultura digna desse nome em *nossa* contemporaneidade.

Como vão ser entendidas – e com que políticas culturais serão enfrentadas – as condições de existência contraditórias do livro e da leitura na América Latina, sem considerarmos a profunda compenetração – a cumplicidade e complexidade de relações – entre a oralidade que perdura como experiência cultural primária (Ford, 1991) – regramaticalizada através da "oralidade secundária" que tece e organiza as gramáticas tecnoperceptivas do rádio e do cinema – e as novas visualidades provenientes da televisão, do *videogame* e do hipertexto? Por mais escandaloso que soe, é um fato cultural iniludível que as maiorias na América Latina estão se incorporando a e apropriando-se da modernidade sem deixar sua cultura oral, isto é, não com o livro à mão, mas a partir de gêneros e narrativas, linguagens e conhecimentos da indústria e da experiência audiovisual. E o que aí está em jogo não é apenas a hibridização das lógicas globais do capital com as novas expressões de um exotismo a ser admirado ou denunciado, mas profundas transformações na cultura cotidiana das maiorias, e especialmente entre as novas gerações, que não deixaram de ler, mas cuja leitura já não corresponde à linearidade/verticalidade do livro, e sim a uma ainda confusa mas ativa hipertextualidade, que, de algum lugar dos quadrinhos, dos videoclipes publicitários ou musicais e, sobretudo, dos *videogames* levam à navegação na internet. Como, então, seguir pensando em separado a memória popular e a modernidade – a menos que se pense a modernidade ainda ancorada no livro –, quando na América Latina a dinâmica das transformações que permeia a cultura cotidiana das maiorias provém majoritariamente da desterritorialização e das hibridizações culturais que os meios massivos propiciam e agenciam e da "persistência de profundos estratos da memória coletiva trazidos à superfície pelas bruscas alterações do tecido social que a própria aceleração modernizadora comporta"? (Marramao, 1989: 60).

Quando a oralidade já não é analfabeta

A oralidade cultural se encontra no centro de minha primeira abordagem investigativa do campo da comunicação: a indagação pelas diferenças entre a praça do mercado popular e o supermercado (Martín-Barbero, 1981). A primeira diferença é evidenciada pelas topografias através das quais os nomes tipificam *economias simbólicas*, que, segundo Bourdieu e Passeron (1970), remetem a muitos e diversos modos de "relação com a linguagem", como a que evidenciam aqui as denominações que recebem as praças e os supermercados. *Carulla* e *Ley* – as duas grandes cadeias nacionais de supermercados – falam do sobrenome da família proprietária: os *Carulla*, diretamente, e os armazéns *Ley*, através da sigla de Luis Eduardo Yepes. Em sua pseudoconcretude, o sobrenome não nomeia mais que uma abstração, a de uma série: uma *cadeia* de armazéns. Frente a essas operações de privatização e abstração, os nomes das praças de mercado designam *lugares públicos* carregados de história, datas memoráveis, figuras religiosas. Assim, em Bogotá, as praças nomeiam um lugar, *Paloquemao*, ou os bairros em que estão localizadas e que remetem a datas da história da independência do país: *Sete de Agosto, Doze de Outubro, Vinte de Julho*. Em Cali se chamam *La Alameda, Siloé, Santa Helena, Santa Isabel*. Nos nomes dos supermercados fala, através de uma marca privada,

A COMUNICAÇÃO NA EDUCAÇÃO

a abstração mercantil, enquanto nas praças emerge a referência social, seja em chave histórica, geográfica ou religiosa. A segunda *diferença* das relações com a linguagem é tão ou mais significativa. Enquanto no supermercado você pode fazer todas as suas compras e passar horas sem falar com ninguém, sem dizer uma palavra, sem ser abordado por ninguém, sem sair do narcisismo especular que o leva e o traz de uns objetos a outros; na praça você é forçado a passar pelas pessoas, pelos sujeitos, a encontrar-se com eles, a gritar para ser entendido, a se deixar ser abordado. Porque na praça popular comprar é enredar-se em uma relação que exige falar, comunicar-se. Onde, enquanto um homem vende, ao lado uma mulher amamenta seu filho e, se o comprador deixar, ela vai contar como foi ruim o parto do último filho. A comunicação que se estabelece na praça do mercado mistura a expressividade do espaço, através da qual o vendedor nos fala de sua vida, com a "pechincha", esse pretexto e pedido que conformam a exigência de interlocução ou diálogo que é espinha dorsal da cultura oral.

Nos últimos anos, relancei meu interesse pela cultura oral devido à persistente falta da escola em considerá-la enquanto dimensão cultural da vida social e nacional. O testemunho pessoal de um jovem psicólogo que estava fazendo sua dissertação de mestrado sobre a aprendizagem da leitura nas escolas de *Ciudad Bolívar*, um subúrbio de mais de um milhão de habitantes que constitui o conjunto de bairros mais pobres de Bogotá, colocou-me diante de um fato bem significativo: nessas escolas a aprendizagem da leitura está empobrecendo o vocabulário das crianças, pois, ao tratar de falar como se escreve – seguindo regras escolares de *correção* –, as crianças perdem muito da riqueza que vem de seu mundo oral e, o que é pior, sua vivacidade narrativa. Ou seja, estamos diante de um sistema – e de uma experiência escolar – que não só não conquista os adolescentes para uma leitura e uma escrita enriquecedoras de sua experiência, mas que desconhece a cultura oral enquanto matriz constitutiva da cultura viva e da experiência cotidiana dos setores populares, confundindo-a e reduzindo-a, de fato, ao analfabetismo.

No entanto, a oralidade é a *fala* de uma outra cultura que está viva hoje não só no mundo rural, mas também no mundo urbano popular. Uma *fala* na qual se hibridizam três diferentes "narrativas de identidade" (Marinas, 1995): a dos contos assustadores e violentos que foram do campo para a cidade – por via da narrativa autobiográfica dos milhões de pessoas deslocadas, mas também do ditado, das fofocas e da piada; a dos relatos do rádio, do cinema e da televisão; e a da música popular que vai – no caso da Colômbia – do *vallenato* e da salsa ao rap, passando ambos pelo rock. O mundo popular se insere na dinâmica urbana basicamente através de dois tipos de transformações: as da vida do trabalho e as da linguagem oral, pois por ambas passam tanto a manutenção de certas formas de transmissão do saber como certos usos "práticos" da religião. Mundo da *fofoca* e *da piada* como modos de comunicação por onde circulam as mais diversas formas de contrainformação, ao mesmo tempo vulneráveis às manipulações massmediáticas, mas também manifestação das múltiplas funções que a cultura oral desempenha, e as potencialidades que ainda guarda. (Riaño, 1986; Villa, 1993).

Estamos diante de um mapa cultural bem diferente daquele a que nos acostumou a retórica maniqueísta do desenvolvimentismo. O *mapa real* encontra-se tecido de continuidades e descompassos, de secretas vizinhanças e de trocas entre modernidade e tradições. Pois os bairros da cidade são o âmbito onde a fala intercala antigos autoritarismos feudais com uma nova horizontalidade tecida na clandestinidade e informalidade urbanas, a centralidade que ainda conserva a moral religiosa sem que isso impeça a modernização dos sentimentos e valores, da subjetividade e sexualidade. A periferia ou o subúrbio – nossos imensuráveis bairros de invasão, favelas ou bairros irregulares – converteu-se em lugar estratégico de reciclagem cultural: essa *cultura clandestina* (Campos e Ortiz, 1998) em que se misturam a cumplicidade da delinquência com solidariedades entre vizinhos e lealdades a toda prova; uma trama de trocas e exclusões que falam das transações morais sem as quais é impossível sobreviver na cidade; da mestiçagem entre a violência sofrida e aquela outra com a qual se resiste, através de hibridações sonoras das melodias e ritmos étnico-regionais com os ritmos urbanos do rock e do rap.

Vigências renovadas do oral

A vigência da cultura oral é evidenciada hoje especialmente nas práticas e produtos de uso cotidiano entre as enormes populações deslocadas do campo para a cidade – a algumas cidades ruralizadas ao mesmo tempo que os países se urbanizam –, seja na forma de *corrido* mexicano, que canta as aventuras dos chefes do narcotráfico, ou do *vallenato* colombiano (Vila, 1997; Ochoa, 1998), que liga o mais profundamente local com o nacional e ainda com o global. É também da ligação com a cultura oral que se alimenta a telenovela latino-americana, herdando dela o predomínio do conto, da textura dialógica e carnavalesca, do relato em que leitor, autor e personagens trocam constantemente suas posições. Nessa confusão, que talvez seja o que mais escandaliza o intelectual, produz-se um cruzamento de lógicas muito diversas: a mercantil do sistema produtivo, isto é, da padronização, mas também a do conto popular, a do romance e a da canção com refrão. É também ela a base de um modo peculiar de leitura ligado estruturalmente à oralidade: pessoas que gostam da novela desfrutam muito mais do ato de contá-la do que de vê-la, pois é nesse contar que se faz "realidade" a confusão entre narração e experiência, em que a experiência de vida é incorporada ao relato que narra as peripécias da telenovela. Assim como nas praças do mercado popular a fala do vendedor enreda as peripécias da vida na linguagem do regateio, o relato de vida enreda-se no contar a telenovela. O modo popular de ver a novela também é uma forma de relação dialógica, pois do que as telenovelas falam, isto é, o que dizem às pessoas, não é algo que esteja dito nem no texto novelesco nem nas respostas que podem ser tiradas de uma pesquisa; é um intertexto que se constrói no cruzamento do ver o que passa na tela com o contar o que se viu.

O pior desconhecimento da cultura oral talvez seja o que se produz em seu pseudorreconhecimento, como muitas vezes acontece em gestos da política oficial. Falo disso a partir de uma longa batalha perdida, primeiro com o então Instituto Colombiano de Cultura, Colcultura, e depois com o Ministério da Cultura. O reconhecimento consiste em ter aberto uma área entre os anuais "prêmios nacionais de narrativas" aos mitos indígenas, e o desconhecimento está em que, para poderem ser elegíveis para o prêmio, as histórias devam perder a materialidade e expressividade da voz e transformar-se em um texto escrito. Por que as histórias indígenas só podem chegar a uma nação, cujas maiorias continuam vivendo cotidianamente entre a cultura oral e a audiovisual, transmutadas em escrita, quando poderiam e deveriam chegar na própria voz – gravada – dos indígenas para que as crianças de todas as escolas do país tivessem a experiência sonora dos outros idiomas que fazem a riqueza do país multiétnico e multicultural que prega a nova Constituição de 1991? Ao mesmo tempo, essas histórias míticas poderiam ser gravadas com tradução para o castelhano, para que fosse possível perceber e valorizar as diferenças de suas entonações, ritmos e cadências. E só depois deveriam aparecer em livro. Pois só abertos ao desafio da expressividade das oralidades culturais poderemos entender as transculturalidades que nelas operam. Como aquela descoberta pela antropóloga coordenadora dos projetos de rádio do próprio Ministério da Cultura, através de uma pesquisa sobre a troca de programas com outras emissoras comunitárias da América Latina: o programa declarado o melhor do ano, porque foi o que mais agradou a muitos grupos indígenas da Colômbia, foi um programa de rock feito por jovens de uma emissora de rock de Buenos Aires! Onde ficam os preconceitos arraigados de nossas letradas e desencantadas elites diante dessa palpável modernidade das culturas indígenas?

Escrevendo da Colômbia, não posso deixar de contar outra experiência de transculturação oral que como nenhuma outra mostra a profundidade e a extensão das mudanças que tornam possível a inserção da oralidade nas mais novas sonoridades: a do *vallenato* saindo da província, da ruralidade local e transmutando-se em música urbana e nacional. Em suas origens o *vallenato* foi uma forma de comunicação entre as pessoas do vale de Upar, algo como "recados cantados" que os trovadores, que percorriam o vale e as serras, levavam de um rancho a outro e de bar em bar. O que distingue essa música tanto ou mais do que os seus instrumentos – o acordeão europeu, a *guacharaca** indígena, a caixa africana – é seu gênero enunciativo: a crônica. À semelhança dos cantores de *corridos* mexicanos, que fizeram a crônica e a lenda da revolução – e hoje a fazem sobre as aventuras dos chefões-heróis do narcotráfico –, ou dos *payadores*** argentinos, que percorriam os pampas cantando histórias de façanhas e memórias de gaúchos, os criadores e cantadores de *vallenato*

> não cantam poemas, mas fazem crônicas estupendas e frescas da realidade, contribuindo com sua maestria para contar o fato, sua sensibilidade para captá-lo em meio do torpor da aldeia que dorme na nata espessa desse caldo que é rotina, e sua graça para o cômico e o insólito. (Gosain, 1988: 19)

Mesmo quando o *vallenato* canta liricamente a mulher, ela não é uma namorada imaginária e idealizada, mas uma mulher que tem nome de verdade e que habita em um povoado conhecido, seja a história da neta "mimada e carinhosa", que foi levada pelo dono de um carro, ou da "velha amiga Sara", perdida por seu amigo porque se tornou contrabandista em Guajira.

---

* N.T.: espécie de reco-reco.
** N.T.: cantor popular que, acompanhado de um violão, improvisa temas variados, por vezes contrapondo-se a um outro *payador.*

A COMUNICAÇÃO NA EDUCAÇÃO

Outro aspecto-chave da oralidade no *vallenato* é seu parentesco com os velhos romances castelhanos e com sua forma de versificação, a décima. Composto como os romances, para ser ouvido e não para ser dançado – ainda que seja originário de uma região tão dançante como a Costa do Caribe –, o *vallenato* aparece primeiro nas "caudas" das *piquerías*, ou seja, no fim de uma festa feita com outras músicas, quase sempre dançantes, até a *parranda*: sua verdadeira modalidade festiva, quando as pessoas reúnem-se para ouvir por horas os conjuntos de *vallenato* (Llerena, 1985). Sua segunda aparição é em disco, a partir de 1947, quando inicia sua desterritorialização, transformando o *vallenato* de música local, em seu sentido mais forte, em música regional, levado das fazendas onde se organiza a *parranda* até os salões da sociedade da costa. Embora o disco e o rádio o retirem de seu habitat cultural, o apreço maior vai continuar sendo rural, mas ao mesmo tempo o *vallenato* inicia através dos meios massivos sua legitimação, primeiro como música da costa por excelência, e a partir dos anos 1980 como música nacional.

Entre os anos 1970 e 1990, o *vallenato* atravessou um percurso contraditório que o levou a converter-se em música urbana e moderna. Para os puristas do folclore – à direita e à esquerda –, o que tem lugar aí é a passagem linear, sem avatares nem contradições, que leva da autenticidade do popular à alienação do massivo. Uma visão menos purista deveria relacionar esse percurso com a emergência da Costa do Caribe como espaço cultural que redefine o nacional, e no qual serão chaves as ressonâncias tanto culta como massiva da publicação de *Cem anos de solidão*, a prosperidade da exportação de maconha dessa região – início da indústria da droga na Colômbia – e o surgimento nacional do *vallenato*. O processo do qual faz parte a urbanização do *vallenato* é "uma complexa reconstituição polifônica nos modos de narrar a nação" (Ochoa, 1998b: 56). Por outro lado, a emergência do *vallenato* se insere no movimento de apropriação do rock pelos países latino-americanos (e Espanha), que dá lugar ao rock em espanhol. Convertido em "idioma dos jovens", ao traduzir como nenhuma outra linguagem a brecha geracional e os novos modos de reconhecimento dos jovens na política, o rock, ao mesmo tempo, fará audíveis as mais ousadas hibridações de sons e ruídos de nossas cidades com as sonoridades e os ritmos das músicas indígenas e negras. O *fenômeno* encarnado pelo cantor Carlos Vives reside justamente em ter feito *audíveis* em seu *vallenato* as fecundas hibridações das sonoridades que se cruzam na cidade, na sensibilidade urbana: misturou em um ritmo popular da costa sons e instrumentos da tradição indígena, como a flauta, ou o *passo* caribenho do reggae jamaicano, e outros da modernidade musical, como os teclados, o saxofone e a bateria. O *vallenato* à Carlos Vives é mais do que um ato musical. Ao inserir uma música cujo âmbito continuava sendo a província e conectá-la com a sensualidade do rock e com o espetáculo tecnológico e cenográfico dos concertos, tornou-a definitivamente urbana e nacional. Disso é testemunha o surgimento de um sentimento de orgulho pela sua música que há anos o país não experimentava. Desde que nos anos 1970 a *cumbia* havia deixado de ser a música em que se reconheciam os colombianos, o país vivia a ausência de uma música que desse conta das transformações sofridas, e essa ausência tinha se convertido em sintoma e metáfora dos vazios e violências que rompiam o nacional, pois "as variedades da música nacional tinham ficado curtas para nos expressar" (Pagano, 1994: 123). Por isso, nem a parafernália tecnológica nem a flagrante exploração comercial podem, porém, ocultar que o rock e o *vallenato* estão representando uma nova forma de sentir e de dizer o nacional.

Como aconteceu na urbanização do samba no Brasil, incorporar culturalmente o popular ao nacional é sempre perigoso, tanto para uma elite ilustrada que vê nisso uma ameaça de desordem, de apagamento das regras que garantem as distâncias e as formas, como para um populismo que enxerga toda mudança como deformação de uma autenticidade fixada em sua pureza original.

O que tudo isso mostra é que estamos diante de desconcertantes hibridações narrativas que pertencem não só às vozes dos deslocados e dos migrantes, mas também a esses novos nômades urbanos que se mobilizam entre o interior e o exterior da cidade montados em músicas e sons de bandas de rock e de rap, entre bandos e zonas dos bairros de periferia, histórias em que explode uma consciência dura da decomposição da cidade, da presença cotidiana da violência nas ruas, da falta de saída do trabalho, da exasperação e do macabro. Na estridência sonora do heavy metal e no concerto de bairro que mistura *vallenato*, rock e rap, os trovadores de hoje fazem a crônica de uma cidade na qual as estéticas do descartável se misturam com as utopias frágeis que surgem da angústia moral e da vertigem audiovisual.

VELHOS E NOVOS REGIMES DE VISIBILIDADE

Como entender as contraditórias dinâmicas do descobrimento e da conquista, da colonização e da independência do novo mundo, por fora da guerra de imagens que todos esses processos mobilizaram? (Gruzinski, 1994) Como podem ser compreendidas as estratégias do dominador ou as táticas de resistência dos povos indígenas desde Cortez até a guerrilha zapatista, desde a cultura da *cimarronagem** dos povos do Caribe até o barroco carnaval do Rio, sem fazer o percurso que nos leva da imagem didática franciscana do século XVI ao maneirismo heroico do imaginário libertador, e do didatismo barroco do muralismo mexicano ao imaginário eletrônico da telenovela? E como penetrar nas oscilações e alquimias das identidades sem auscultar a mistura de imaginários a partir dos quais os povos vencidos plasmaram suas memórias e reinventaram uma história própria?

Os imaginários populares que mobilizam o imaginário eletrônico da televisão produzem um cruzamento de arcaísmos e modernidades que não é compreensível senão a partir dos nexos que vinculam as sensibilidades a *uma ordem visual do social,* na qual as tradições são desviadas, mas não abandonadas, antecipando nas transformações visuais experiências que ainda não têm discurso nem conceito. A atual desordem tardomoderna do imaginário – desconstruções, simulacros, descontextualizações, ecletismos – remete ao dispositivo barroco ou neobarroco, como diria Calabrese, "cujos nexos com a imagem religiosa anunciavam o corpo eletrônico unido a suas próteses tecnológicas, walkmans, videocassetes, computadores" (Gruzinski, 1999: 213).

---

* N.T.: O termo *"cimarrón"* foi usado em vários lugares da América Latina, sobretudo no Caribe, para designar o escravo negro ou índio que fugia das propriedades nas quais era escravizado. No Brasil, esses escravos eram chamados de quilombolas e as comunidades que formavam, quilombos.

Diante dessa histórica batalha das imagens, dos imaginários e das imaginações, a intelectualidade tem mantido um permanente receio sobre o mundo das imagens, ao mesmo tempo que a "cidade das letras" continua procurando, a todo momento, controlar a imagem, confinando-a de forma maniqueísta ao campo da arte ou ao mundo da aparência enganosa e dos resíduos mágicos. Nem por isso a oralidade perdeu vigência cultural nesses países, e nem a dolorida queixa letrada pode ignorar as transformações político-culturais da visualidade. A educação necessita, portanto, colocar-se à escuta das oralidades e abrir os olhos para a visibilidade cultural das visualidades que emergem nos novos regimes da tecnicidade.

A visibilidade do social nas modernidades

A formação comunicativa inicial da "esfera pública burguesa" foi colocada por Jürgen Habermas (1981: 130) como a emergência de um novo modo de associação não vertical – como a que se forma a partir do Estado – e da qual fazem parte originariamente só os que têm instrução e propriedade. Um século depois, a esfera pública é redefinida pela presença das massas urbanas na cena social, cuja visibilidade remete à transformação da política que, de um assunto de Estado, passa a converter-se em "esfera da comunidade, esfera dos assuntos gerais do povo". Por outro lado, a visibilidade política das massas vai responder também à formação de uma *cultura-popular-de-massa*: os dispositivos da massmediação articulam os movimentos do público à tecnologia da fábrica e do jornal, enquanto o surgimento da rotativa, ampliando o número de exemplares impressos, reduz os custos e reorienta a imprensa para o "grande público". A publicidade, no sentido habermasiano, vai conectar, portanto, dois discursos: o da imprensa, que reúne o privado no público através do debate entre ideologias e da luta pela hegemonia cultural; e o da propaganda comercial, que traveste de interesse público as intenções e interesses privados. Entre ambos os discursos, produz-se o desdobramento que leva *do público* ao *público* que conformam os leitores e os espectadores das diversas manifestações culturais.

É então que faz sua aparição a figura mais plenamente comunicacional do público: a opinião pública. Esta é entendida originariamente como a ação que se opõe à prática do segredo, própria do Estado absolutista, e será depois o princípio da crítica, como direito do público de debater as decisões de política, isto é, o debate cidadão: espaço de articulação entre a sociedade civil e a sociedade política, entre conflito e consenso. Já em meados do século XIX, Tocqueville introduziu uma outra versão de *opinião pública*, a vontade das maiorias relegando a um segundo plano a liberdade individual dos cidadãos, com tudo que isso implicará de contradições para uma democracia na qual o quantitativo pesará sempre mais do que o qualitativo. Alguns anos mais tarde, Gabriel Tarde recoloca definitivamente a ideia de opinião pública no âmbito da comunicação ao analisar o cruzamento da transformação das crenças da multidão em opinião política e o desenvolvimento do meio em que esta se expressa, a imprensa. O que interessa a Tarde é o novo tipo de coletividade que emerge – o público – como efeito psicológico da difusão da opinião.

Mas o público continua existindo na sociedade de massas? A resposta mais radical foi a de Jean Baudrillard (1978: 29) em

A COMUNICAÇÃO NA EDUCAÇÃO

sua proclamação sobre "a implosão do social na massa", o fim do político: "já não é possível falar em seu nome (das massas), pois já não são uma instância a que alguém possa referir-se como em outro tempo à classe ou ao povo". Sem os radicalismos de Baudrillard, a reflexão de Richard Sennet (1978: 23) sobre o declínio do homem público acaba com outra proclamação: "o espaço público é agora uma área de passagem, não mais de permanência". Em uma sociedade descentrada como a atual – em que nem o Estado nem a Igreja, nem os partidos políticos, podem mais vertebrar – e estruturalmente mediada pela presença de um ambiente tecnológico produtor de um fluxo incessante de discursos e imagens, o público encontra-se cada dia mais identificado com o visível, e este com o encenado nos meios.

Mas embora atravessados pelas lógicas do mercado, os meios de comunicação constituem hoje espaços decisivos da *visibilidade* e do *reconhecimento social*. Pois mais que substituir, a mediação televisiva passou a constituir uma cena fundamental da vida pública (Sunkel, 1989), a fazer parte da trama dos discursos e da própria ação política, já que essa mediação produz o adensamento das dimensões simbólicas, rituais e teatrais que a política sempre teve. É a especificidade dessa produção a que continua impensada, e em certa medida impensável, para a concepção instrumental da comunicação que permeia ainda a maior parte da crítica. E então, onde Baudrillard vê apenas a "implosão do político", outros sociólogos percebem uma nova organização da sociabilidade: novos modos de estar juntos (Maffesoli, 1990), o que está fazendo a sociologia retomar a ideia weberiana da "comunidade emocional" – que remete a um certo retorno da comunidade abolida pela sociedade moderna, de que falara Tonnies – para dar conta das profundas mudanças que atravessam o *nós* e da necessidade, então, de reintroduzir o sensível, e não apenas o mensurável, na análise, de "estudar o que acontece no nível carnal e perceptível da vida social" (Sansot, 1986). Na rejeição à política e, especificamente, ao deixar-se representar, o que emerge hoje não seria só o desafeto ideológico às instituições da política, mas também a decepção causada pela incapacidade de representar a diferença no discurso que denuncia a desigualdade. Do mesmo modo que a privatização não remete apenas aos movimentos da economia, tampouco a individuação se esgota nos movimentos do consumo, já que ela remete à transferência de sentido da democracia do âmbito tradicional do "político" ao da cidadania (Lechner, 1987): a seus idiomas de gênero, de tribo, de religião, de idade, e às linguagens do corpo, da sexualidade e da subjetividade.

Se o característico da cidadania é estar associada ao "reconhecimento recíproco", isto passa decisivamente hoje pelo direito de informar e ser informado, de falar e ser escutado, imprescindível para poder participar nas decisões que dizem respeito à coletividade. Daí que uma das formas mais flagrantes de exclusão da cidadania situe-se justamente aí, na expropriação do direito de ser visto, que equivale ao de existir/contar socialmente, tanto no terreno individual como no coletivo, no das maiorias como das minorias. Direito que nada tem a ver com o exibicionismo de vedete dos políticos em seu desejo perverso de substituir sua perdida capacidade de representar o comum pela quantidade de tempo na tela.

A relação cada vez mais estreita entre o público e o comunicável – já presente no sentido inicial do conceito político de publicidade na história traçada por Habermas – passa hoje decisivamente pela ambígua, e muito questionada, videocultura, pela *mediação das imagens*. A centralidade ocupada pelo discurso das imagens – dos *outdoors* à televisão, passando pelas mil formas de cartazes, grafites etc. – é quase sempre associada ou simplesmente reduzida a um mal inevitável, a uma incurável doença da política contemporânea, a um vício proveniente da decadente democracia norte-americana, ou a uma concessão à barbárie destes tempos que escondem com imagens sua falta de ideias. E não é que no uso que a sociedade atual faz da imagem a política não tenha um pouco de tudo isso, mas o que necessitamos entender vai além da denúncia, em direção a uma compreensão do que essa mediação da imagem produz socialmente – único modo de poder intervir sobre esse processo. E o que nas imagens se produz, em primeiro lugar, é vir à tona a emergência da crise que, de seu próprio interior, sofre o discurso da representação. Pois se é verdade que a crescente presença das imagens no debate, nas campanhas e ainda na ação política espetaculariza esse mundo a ponto de confundi-lo com o das celebridades, dos concursos de beleza ou das igrejas eletrônicas, também é verdade que pelas imagens passa a *construção visual do social*, na qual essa visibilidade reflete o deslocamento da luta pela representação para a demanda pelo reconhecimento. O que os novos movimentos sociais e as minorias – etnias, raças, mulheres, jovens ou homossexuais – demandam não é tanto serem representados, mas reconhecidos: fazerem-se visíveis socialmente em sua diferença. O que dá lugar a um novo modo de exercer politicamente seus direitos. E, em segundo lugar, nas imagens produz-se um profundo descentramento da política tanto sobre o sentido da militância como do discurso partidário. Do fundamentalismo sectário que acompanhou, desde o século passado até boa parte do atual, o exercício da militância tanto na direita como na esquerda, as imagens dão conta do *esfriamento da política*, com o que Norbert Lechner denomina a desativação da rigidez nos pertencimentos, possibilitando fidelidades mais móveis e coletividades mais abertas. No que diz respeito ao discurso, a nova visibilidade social da política catalisa o deslocamento do discurso doutrinário, de caráter abertamente autoritário, para uma discursividade em que são possíveis certos tipos de interações e trocas com outros atores sociais. São evidências disso tanto as pesquisas ou sondagens, com que se procura legitimar o campo da política, como a crescente proliferação de observatórios e *veedurías** cidadãs. Esta resulta bem significativa, mais do que proximidade fonética, articulação semântica entre a visibilidade do social que possibilita a presença constitutiva das imagens na vida pública e as *veedurías* como forma atual de fiscalização e intervenção dos cidadãos.

Por outra parte, o vazio de utopias que atravessa o campo da política vê-se preenchido nos últimos anos por um acúmulo de utopias provenientes do campo da tecnologia e da comunicação: "aldeia global", "mundo virtual", "ser digital" etc. E a mais enganosa de todas, a "democracia direta" atribuindo a renovação da política ao poder das redes informáticas e superando a etapa das "velhas" formas da representação pela "expressão viva dos cidadãos", seja votando pela internet de casa ou emitindo telematicamente sua opinião. Estamos diante da mais ardilosa das idealizações, já que em sua celebração do imediatismo e

---

* N.A.: Trata-se de um neologismo em espanhol formado pela junção de *ver* (ver) e *vigilar* (vigiar).

A COMUNICAÇÃO NA EDUCAÇÃO

da transparência das redes cibernéticas estão sendo minados os próprios fundamentos do "público", isto é, os processos de deliberação e de crítica. Ao mesmo tempo, cria-se a ilusão de um processo sem interpretação nem hierarquia, fortalecendo a crença de que o indivíduo pode comunicar-se prescindindo de toda mediação social, acrescentando a desconfiança em qualquer figura de delegação e representação.

Há, no entanto, em muitas das declarações e buscas de uma "democracia direta" via internet, um pano de fundo libertário que aponta para a desorientação em que vive a cidadania, resultado da ausência de densidade simbólica e da incapacidade de convocação de que padece a política representativa. Desvalorizando o que a nação tem de horizonte cultural comum – por sua própria incapacidade de articular a heterogeneidade de que está feita –, os meios e as redes eletrônicas estão se constituindo em mediadores da trama de imaginários que configura a identidade das cidades e das regiões, do espaço local e de vizinhança, veiculando, assim, a multiculturalidade que faz estourar os tradicionais referentes de identidade.

Virtuais, as redes não são apenas técnicas, mas também sociais: o fato de que a internet diz respeito hoje a apenas 1% da população mundial e que, quanto à sua demanda, há mais linhas de telefone na ilha de Manhattan do que em toda a África são constatações irrefutáveis do aprofundamento de divisão e de exclusão social que as redes implicam. Como também testemunha essa divisão a diferença entre o peso da informação estratégica para a tomada de decisões financeiras e a leveza dos relatos que interessam àquele que passeia extasiado diante das vitrines dos bulevares virtuais. Porém, o que não podemos é pensar a virtualidade das redes (Lévy,

110

1996; Manzini, 1991) a partir da razão dualista com a qual estamos habituados a pensar as tecnologias, pois elas ao mesmo tempo são abertas e fechadas, integradoras e desintegradoras, totalizantes e destotalizantes, nicho e espaço de encontro, em que convivem e se misturam lógicas, velocidades e temporalidades tão diversas como as que entrelaçam as narrativas orais, com a intertextualidade das escritas e as intermedialidades do hipertexto.

O uso alternativo das tecnologias da informação na reconstrução da sociabilidade e da esfera pública passa, sem dúvida, por profundas mudanças nos mapas mentais, nas linguagens e nos desenhos de políticas, exigidas pelas novas formas de visibilidade que tece a internet: processo e caminho que introduz uma verdadeira explosão do discurso público ao mobilizar a mais heterogênea quantidade de comunidades, associações, tribos. Estas, ao mesmo tempo em que liberam as narrativas do político a partir das múltiplas lógicas dos mundos de vida, despotencializam o centralismo burocrático da maioria das instituições e potencializam a criatividade social no desenho da participação cidadã. É que as tecnologias não são neutras, mas constituem hoje enclaves de condensação e interação de mediações sociais, conflitos simbólicos e interesses econômicos e políticos, pelo que elas fazem decisivamente parte das novas condições de narrar.

Novos regimes e narrativas da visualidade

Devemos a Walter Benjamin o fato de ter, de forma pioneira, situado – e na contracorrente do pensamento de seus próprios

A COMUNICAÇÃO NA EDUCAÇÃO

colegas da Escola de Frankfurt – a experiência audiovisual no âmbito das transformações de que emerge o *sensorium* moderno, e cujas chaves estão nos secretos parentescos do cinema com a cidade moderna. O cinema mediava, ao mesmo tempo, a constituição de uma nova figura de cidade e a formação de um novo modo de percepção, configurado pela dispersão – dispositivo ao mesmo tempo da percepção do transeunte imerso na multidão das grandes avenidas e do novo olhar que possibilita à câmera que filma o movimento a partir de vários lugares e ângulos – e pela imagem múltipla: que retira, tanto à percepção do transeunte como à experiência cinematográfica, por meio da montagem, da *unicidade do olhar* e do recolhimento exigidos pela pintura clássica.

O segundo momento forte de transformação moderna da visualidade cultural é o que produz a televisão ao possibilitar uma experiência estética inédita: a chegada da teleficção ao âmbito da cotidianidade doméstica apagando os limites do privado e do público, do ócio e do trabalho. Agora também é possível traçar as relações do novo *sensorium* com a televisão, mas a mediação que ela estabelece nos coloca diante de uma relação muito diferente do meio com a cidade. Na fragmentada e descentrada cidade que agora habitamos se produz uma estreita simetria entre a expansão/explosão da cidade e o crescimento/densificação dos meios e redes que ancoram o indivíduo no espaço privado da casa, com o consequente empobrecimento da experiência urbana direta. A nova cidade, telépolis, é ao mesmo tempo uma metáfora e a experiência cotidiana do habitante de uma cidade "cujas delimitações já não estão mais baseadas na distinção entre interior, fronteira e exterior, nem, portanto, nas parcelas do território" (Echeverría,

1994: 9). Paradoxalmente, essa nova espacialidade não emerge do caminho andado que me tira do meu pequeno mundo, mas, ao contrário, de uma experiência doméstica convertida pela televisão em um território virtual para o qual, como diz expressivamente Virilio (1990: 41), "tudo chega sem que tenha que partir". É pela televisão que a câmera do helicóptero nos permite ter acesso a uma imagem da densidade do tráfego nas avenidas ou da vastidão e desolação dos subúrbios e favelas, é pela TV que a cada dia mais pessoas se conectam à cidade em que vivem.

Mas o impacto da televisão na vida cotidiana tem talvez menos a ver com o que acontece nela do que com o que acontece no trabalho e nas ruas, obrigando as pessoas a abrigarem-se no espaço doméstico. Pois enquanto o cinema catalisava a experiência da multidão, já que era como multidão que os cidadãos exerciam o seu direito à cidade, o que agora a televisão catalisa é, ao contrário, a experiência doméstica. E enquanto o *povo* que tomava as ruas e o *público* que ia ao teatro ou ao cinema conservavam o caráter ativo e coletivo da experiência, as audiências de televisão assinalam uma profunda transformação: a pluralidade social submetida à lógica da desagregação radicaliza a experiência de abstração de que sofre o laço social, e a fragmentação da cidadania é então tomada pelo mercado que converte a diferença em uma mera estratégia de audiência.

A esse novo *sensorium* urbano corresponde a acelerada fragmentação das narrativas e uma experiência de fluxo que borra as fronteiras dos gêneros, confundindo o novo com o fugaz e exaltando o efêmero como peça da fruição estética. Talvez a metáfora mais exata do fim das "grandes narrativas" encontre-se no fluxo televisivo (Barlozzetti, 1986): por colocar

A COMUNICAÇÃO NA EDUCAÇÃO

em equivalência de todos os discursos – informação, drama, publicidade, pornografia ou dados financeiros – a interpenetrabilidade de todos os gêneros e a transformação do efêmero em chave de produção e proposta de fruição estética. Uma proposta baseada na exaltação do móvel e difuso, da falta de finalização e da indeterminação temporal. É o regime de visualidade que instala o fluxo – que corresponde à experiência de zapear (Sarlo, 1993: 57), iluminando duplamente a cena social: os modos nômades de habitar a cidade – do migrante a quem cabe continuar indefinidamente migrando dentro da cidade à medida que se vão urbanizando as favelas e os terrenos vão sendo valorizados, ou também essa outra cena: a da banda juvenil que constantemente desloca seus lugares de encontro, com a transversalidade tecnológica que hoje permite enlaçar no terminal informático o trabalho e o ócio, a informação e a compra, a pesquisa e o jogo.

A metáfora do zapear também ilustra a crise da narrativa que atravessamos. Trata-se de uma crise que vinha de longe: do predomínio do *logos* sobre o *mythos* entre os gregos, e do triunfo da razão ilustrada sobre qualquer outro tipo de saber e de verdade. Mas, por outro lado, trata-se da asfixia do relato pela subtração da palavra viva, asfixia diretamente associada já por Benjamin ao surgimento desse novo modo de comunicar que é a informação, consagrando a passagem da experiência a partir da qual fala o narrador ao saber especializado de onde fala o jornalista. Desde então, os relatos, a maioria deles, sobreviverão inscritos no ecossistema discursivo dos meios e colonizados pela racionalidade operativa do saber tecnológico. Mas embora subordinados aos formatos, ainda existem os gêneros, narrativa que ainda

114

conserva vestígios do pacto entre a gramática da construção do relato e as competências do leitor, remetendo assim ao seu reconhecimento em uma comunidade cultural. Pois enquanto os formatos funcionam como meros operadores de uma combinatória sem conteúdo, estratégia puramente sintática, os gêneros conservam, ainda, certa densidade simbólica mediante a qual possibilitam a inserção do presente nas memórias do passado e nos projetos de futuro.

Entre a necessidade do lugar e a inevitabilidade do global, cada dia mais, milhões de pessoas habitamos a *glocalidade* da cidade: esse espaço comunicacional que conecta entre si seus diversos territórios e os conecta com o mundo, em uma aliança entre velocidades informacionais e modalidades do habitar cuja expressão cotidiana se encontra no "ar de família que vincula a variedade de telas que reúnem nossas experiências laborais, domésticas e lúdicas" (Ferrer, 1995: 155). Articulação de telas que atravessam e reconfiguram as experiências da rua e as relações com nosso próprio corpo, um corpo sustentado cada vez menos em sua anatomia e mais em suas extensões ou próteses tecnomidiáticas: a cidade informatizada não necessita corpos reunidos, mas apenas interconectados. Na hegemonia dos fluxos e na transversalidade das redes, na heterogeneidade de suas tribos e na proliferação de seus anonimatos, a cidade virtual mostra ao mesmo tempo o primeiro território sem fronteiras e o lugar onde se vislumbra a sombra ameaçadora da contraditória utopia da comunicação.

Um dos mais claros sinais da profundidade das mutações que atravessamos encontra-se na reintegração cultural da dimensão separada e menosprezada pela racionalidade dominante no Ocidente desde a invenção da escrita e do discurso

A COMUNICAÇÃO NA EDUCAÇÃO

lógico (Castells, 1998: 360), isto é, a dimensão do mundo dos sons e das imagens, relegado ao âmbito das emoções e das expressões. Ao trabalhar interativamente com sons, imagens e textos escritos, o hipertexto (Landow, 1995; Laufer, 1995) hibridiza a densidade simbólica com a abstração numérica, fazendo as duas partes do cérebro, até agora "opostas", reencontrarem-se. Daí que de mediador universal do saber, o número esteja passando a ser a mediação técnica do saber estético, o que, por sua vez, revela a passagem da primazia sensorial-motriz à sensorial-simbólica. É dessa reintegração e desse trânsito que fala o deslocamento que hoje atravessa a arte. A aproximação entre experimentação tecnológica e estética faz emergir, no desencantado fim do século XX, um novo parâmetro de avaliação da técnica, distinto ao de sua mera instrumentalidade econômica ou sua funcionalidade política: o de sua capacidade de comunicar, isto é, de significar as mais profundas transformações de época que experimenta nossa sociedade, e o de desviar/subverter a fatalidade destrutiva de uma revolução tecnológica prioritariamente dedicada, direta ou indiretamente, a incrementar o poderio militar.

A gramática de construção dos novos relatos alimenta-se do *zapping* e desemboca no *hipertexto*, o que implica um movimento duplo e muito distinto que a reflexão crítica tende a confundir anulando as contradições que os vinculam. A gramática narrativa predominante (Sanchez Biosca, 1989) dita uma clara redução dos componentes propriamente narrativos – ausência ou definhamento da trama, encurtamento das sequências, desarticulação e amálgama –, a prevalência do ritmo sobre qualquer outro elemento com a conseguinte perda de espessura dos personagens, o pastiche das lógicas internas de um gênero com as de outros – como os da estética publicitária ou a do videoclipe – e a hegemonia da experimentação tecnológica, quando não da sofisticação dos efeitos sobre o próprio desenvolvimento da história. A erupção do relato e a preeminência do fluxo de imagens que aí se produzem encontram sua expressão mais precisa no *zapping* com o que o telespectador, ao mesmo tempo que multiplica a fragmentação da narração, constrói com seus pedaços um relato outro, um duplo, puramente subjetivo, intransferível, uma experiência incomunicável. Estaríamos nos aproximando ao final do percurso que Benjamin vislumbrou ao ler no declive do relato a progressiva incapacidade dos homens em compartir experiências. Mas esse movimento de explosão e fragmentação desemboca também sobre o fortalecimento de outro movimento, no qual o mesmo Benjamin vislumbrou o surgimento daquela narrativa à qual tendia o novo *sensorium* da dispersão e da imagem múltipla: o da *montagem* cinematográfica precursora, tal como a montagem textual do *Ulisses*, de Joyce, da narrativa hipertextual (Argullol, 1991; Delany e Landow, 1991):

> A linha de cultura se quebrou, e também com ela a ordem temporal sucessiva. A simultaneidade e miscelânea ganharam o jogo: os canais se intercambiam, as manifestações cultas, as populares e as de massas dialogam e não o fazem em regime de sucessão, mas sim sob a forma de um cruzamento que acaba por torná-las inextricáveis. (Sanchez Biosca, 1989: 34)

A implosão da ordem sucessiva e linear alimenta um novo tipo de fluxo que conecta a estrutura reticular do mundo urbano com a do texto eletrônico e do hipertexto. Pois assim

A COMUNICAÇÃO NA EDUCAÇÃO

como o computador nos coloca diante de um novo tipo de tecnicidade, o hipertexto nos abre para outro tipo de textualidade em que emerge uma nova sensibilidade "cuja experiência não cabe na sequência linear da palavra impressa" (Mead, 1971: 106). E que é a mesma que conecta o movimento do hipertexto com o do palimpsesto: esse texto que se deixa apagar, mas não de todo, possibilitando que o passado apagado surja, embora borrado, nas entrelinhas que escreve o comprimido e nervoso presente.

CIDADE EDUCATIVA: DE UMA SOCIEDADE COM SISTEMA EDUCATIVO A UMA SOCIEDADE DE SABERES COMPARTILHADOS

Olhar a atual situação da escola – do modelo escolar de educação – de dentro e falar sem raiva de tudo o que na sociedade do conhecimento se questiona e recoloca sobre a sua desencantada vinculação é algo muito difícil de encontrar hoje na apocalíptica irritação com que funcionários e especialistas nos atordoam. Mas o paradoxo é que o que mais abunda é uma ardilosa instrumentalização das "novas tecnologias", para cobrir com ruído e brilho digital a profundidade da crise, que atravessam as relações da escola com a sua sociedade, ou o altivo desprezo com que se identifica a mutação tecnocultural do mundo que habitamos com a mais fatal das decadências do Ocidente. O que não se pode daí compreender é a inscrição nas vidas adolescentes das mudanças que hoje vivem as linguagens, as escritas e as narrativas em que se dizem e contam, se cantam e escrevem os medos e inquietações, as incertezas e buscas, as profundas transformações que o próprio tecido das nossas sociedades atravessa neste momento. Pois meios e tecnologias são para os mais jovens *lugares* de um desenvolvimento pessoal que, por mais ambíguo e até contraditório que seja, eles converteram no seu modo de estar juntos e de expressar-se. Então, devolver aos jovens espaços nos quais possam se manifestar estimulando práticas de cidadania é o único modo pelo qual uma instituição educativa, cada vez mais pobre em recursos simbólicos e econômicos, pode reconstruir sua capacidade de socialização. Cortar o arame farpado dos territórios e disciplinas, dos tempos e discursos, é a condição para compartilhar, e fecundar mutuamente, todos os saberes, da informação, do conhecimento e da experiência das pessoas; e também as culturas com todas as suas linguagens, orais, visuais, sonoras e escritas, analógicas e digitais.

MUDANÇAS QUE DESLOCAM A ESCOLA

O fundo da crise de que padece o sistema escolar na América Latina reside em uma mudança que nem nossos governos nem nossos pedagogos especializados parecem ter percebido: que a educação já não é concebível a partir de um *modelo de comunicação escolar* que se encontra ultrapassado tanto espacial como temporalmente por processos de formação correspondentes a uma *era informacional* na qual "*a idade* para aprender são todas", e o lugar para estudar pode ser qualquer um: uma fábrica, uma casa para idosos, uma empresa, um hospital, os grandes e pequenos meios, e especialmente a internet. Estamos passando de uma *sociedade com* sistema educativo para uma *sociedade do conhecimento e aprendizagem contínua*, isto é, sociedade cuja dimensão educativa atravessa tudo: o trabalho e o lazer, o escritório e a casa, a saúde e a velhice. E se essa mudança de fundo não é percebida nem assumida pelas nossas enésimas e inerciais reformas educativas, isso condena o sistema escolar a uma crescente esquizofrenia com sua própria sociedade. Assim, o que outrora foi um lugar de densa socialização converteu-se em um espaço cada vez mais dedicado à administração de saberes, estes que agora os especialistas dos ministérios pretendem "modernizar" chamando-os de *competências*, como se com essa palavra mágica se pudesse conjurar os males complexos que acometem a educação, quando o que na realidade está se conseguindo é *dessocializá-la* ainda mais ao tratar a todo custo (e a custos) de padronizar sua qualidade, barateando-a ao submetê-la – de forma sofisticada, mas embaraçosa – aos parâmetros provenientes da reengenharia de administração e de competitividade entre empresas. Com isso, a hegemonia que a escola compartilhava só com a família na socialização e a transmissão de saberes estão se vendo aceleradamente desvalorizadas e pervertidas. Mas se a escola e a família veem desgastada sua capacidade educadora e sua autoridade não é só por sua incapacidade de assumir as novas tarefas que a sociedade lhes está exigindo, mas também pela desorientação provocada pelas crises que estão atravessando todas as grandes instituições da modernidade: desde o trabalho até a política, passando pela cidade. E que apresentam uma das mais complexas e paradoxais visibilidades através da *experiência cultural* dos jovens, essa que, como assinalara Mead (1971), *não cabe na sequência linear da palavra impressa*, mas encontra sentido nas novas imagens e rituais tecnocomunicativos aos quais conecta a sua sensibilidade, essa que nem a família nem a escola são capazes de decifrar para dela cuidar. É por isso que o simulacro – sobre o qual, com tanta lucidez como ironia, escreveu Bourdieu (1970) – já não serve à escola para fazer com que professores finjam que ensinam para alunos que fingem que aprendem, pois isso já não funciona, pelo contrário, já começou a implodir estrondosa e violentamente. Não por culpa dos professores ou dos alunos, mas pela existência de um *ecossistema comunicativo* que, ao catalisar as sinergias entre a perda de vitalidade das grandes instituições modernas e o surgimento de outras formas de pertencimento e sociabilidade, faz com que o sistema educativo seja incapaz de conectar-se a tudo o que os alunos devem deixar de fora para *estar-na-escola*: seu corpo e sua alma, suas sensibilidades e gostos, suas incertezas e raivas.

CIDADE EDUCATIVA

Uma segunda mudança também está levando ao *esgotamento* do sistema escolar: sua dificuldade cada vez maior para articular as três dimensões que tensionam mais fortemente a educação. Primeira, aquela que vincula a educação com a cultura, já colocada por Arendt (1968) no centro da renovação educativo/cultural do pós-guerra: a *transmissão da herança cultural* entre gerações, a conversação dos jovens com a herança cultural acumulada ao longo de, pelo menos, 25 séculos. Segunda, a dimensão definida como *capacitação*, isto é, a formação em capacidades, destrezas, que possibilitem aos alunos sua inserção ativa no campo laboral e profissional, dimensão que, ainda que seja a única reivindicada como central pelos agentes do mercado, nem por isso deixa de ser a outra chave da educação. Embora deva ser radicalmente reorientada em seu sentido e seus alcances para que essa capacitação seja compatível com a anterior e com a terceira, que é hoje a dimensão mais delicada e necessária, a *formação de cidadãos*, isto é, de pessoas capazes de pensar com sua cabeça e participar ativamente na construção de uma sociedade justa e democrática.

A terceira mudança que aprofunda a crise do sistema educativo é a desvalorização crescente da *escola pública* (Tedesco, 2000). Esta se converteu no barômetro mais fiel do modelo de Estado que está se dando em nossos países. Uma vez coagido pelas diretrizes neoliberais, o Estado acha-se dedicado à gestão dos conflitos sociais controlando os riscos da explosividade social produzida pela própria globalização neoliberal, não podendo então projetar minimamente a educação a partir de uma política estratégica, isto é, de longo prazo. O que está convertendo a educação em algo que passou a pertencer à categoria das "cargas"

A COMUNICAÇÃO NA EDUCAÇÃO

que o Estado deve suportar e não como investimento social. A contradição entre o papel estratégico da educação na sociedade informacional e o tratamento que a escola pública – do primário à universidade – recebe atualmente na América Latina não faz senão agravar a desestabilidade das instituições democráticas, ameaçando a própria viabilidade de nossos países como nações. Pois a escola pública em nossos países é o espaço de encontro das trajetórias socioculturais das maiorias e, portanto, é nela onde se produz a mais ampla e permanente transformação da cotidianidade social e cultural, cujos protagonistas são a maioria excluída. Daí também que essa escola possa e deva ser o lugar mais aberto de desenvolvimento da inteligência coletiva e das biografias educativas.

Não é demais recordar que a escola pública nasce no século XVIII com um duplo objetivo: o de separar as crianças da cultura de seus pais, baseada na magia ou na religião, para inseri-los em outras duas culturas – a nacional e a industrial. Mas a escola primária não foi só para crianças, mas também para adultos, que aprenderam as letras e os números em oficinas da fábrica em que trabalhavam. Em ambos os casos, saber ler e saber fazer as contas identificaram-se com uma necessidade básica do trabalhador/cidadão: a de conhecer e reconhecer-se na cultura nacional do país em que se nasceu e de ser capaz de inserir-se na cultura da fábrica (Lahire, 1999). Dito nas palavras de hoje: a escola propunha-se "de entrada" a oferecer às pessoas *igualdade de oportunidades* em sua dupla vertente, de cidadãos e de trabalhadores. É óbvio que a escola primária no mundo hispânico não se descolou da hegemonia religiosa senão de forma lenta e parcial e que a igualdade de oportunidades continua sendo verdade e mentira até hoje, dadas as abissais desigualdades nas condições de vida e na qualidade de ensino e aprendizagem. Entretanto, mesmo entre os mais pobres na América Latina, a internalização por parte dos pais, até mesmo dos analfabetos, de que a educação básica é essencial para "ganhar a vida" é um fato, assim como a identificação dessa educação com o aprender a ler. No entanto, com essa expectativa a escrita acaba por inserir-se em um *habitus* reduzido e instrumental de fazer as tarefas que solicitam os professores e não de se expressar como indivíduos e comunicar-se com os demais, que são justamente as duas funções que hoje a internet possibilita e potencializa, já não apenas em termos individuais, mas coletivos. A escrita digital é hoje um direito primário do exercício de cidadania para o qual a escrita escolar não prepara.

NOVO SENTIDO DO CONHECIMENTO E OS SUJEITOS DA EDUCAÇÃO

A partir de uma perspectiva histórica, estamos diante de um processo de produção em que o conhecimento está passando a ocupar o lugar que ocuparam, primeiro, a força muscular humana e, depois, as máquinas. Isso implica que no estrato mais profundo da atual revolução tecnológica encontramos uma mutação nos modos de circulação do saber, que sempre foi uma fonte-chave de poder, e que até recentemente tinha mantido o duplo caráter de ser ao mesmo tempo centralizado territorialmente, controlado através de certos dispositivos técnicos e associado a figuras sociais muito especiais. Daí que *as transformações nos modos como circula o saber constituam uma*

A COMUNICAÇÃO NA EDUCAÇÃO

das mais profundas mutações que uma sociedade possa sofrer. Por isso, é de modo disperso e fragmentado que o saber escapa dos lugares sagrados que antes o continham e legitimavam e das figuras sociais que o detinham e administravam. A cada dia se faz mais visível a disparidade das culturas que se chocam dentro da escola: de um lado, se mantém – em que pesem as muitas reformas e tentativas de mudança – um modelo de saber instrucional, baseado na divisão professor/aluno que identifica o primeiro com o saber e o segundo com a ignorância, fazendo disso a chave da autoridade escolar; de outro lado, emerge nos alunos um potencial de saberes *diversos mas entrelaçados*, que provêm menos do saber escolar que de sua experiência cultural e vital imersa de corpo inteiro na terceira dimensão do digital.

Estamos diante de um movimento de descentramento que retira o saber de seus dois lugares sagrados, os livros e a escola, através de um processo que não vem *substituir o livro, mas descentrar a cultura ocidental de seu eixo letrado,* tirando o livro de sua centralidade ordenadora dos saberes, centralidade imposta não só à escrita e à leitura, mas ao modelo inteiro de aprendizagem através da linearidade e sequencialidade implicadas no movimento de esquerda para a direita, de cima para baixo que aquelas estabelecem.

E também nos vemos defrontados com um movimento de deslocalização/destemporalização dos saberes, mediante o qual fica abolida a "proximidade" que, desde os faraós aos senhores feudais e aos monarcas modernos, construiu "a morada dos sábios" sempre muito perto do castelo ou do palácio em que morava o poder. Também o *tempo de aprender* se encontrava delimitado a uma idade, o que facilitava sua inscrição em

CIDADE EDUCATIVA

um lugar e seu controle vital. Não é que o lugar escolar vá desaparecer, mas as condições da existência desse lugar estão sendo transformadas radicalmente por uma pilha de *saberes-sem-lugar-próprio* e por um tipo de *aprendizagem* que se torna *contínua*, isto é, *ao longo de toda a vida*. Os milhares de idosos que estudam na universidade a distância, hoje, na Europa são a prova mais clara da desancoragem que vivem os saberes tanto em seu conteúdo como em suas formas.

O deslocamento implica a disseminação do conhecimento, isto é, ficam borradas as fronteiras que o separavam, de um lado, do saber comum, isto é, do saber que habita na experiência social, desvalorizando a barreira que ergueu o positivismo entre a universalidade da ciência e a particularidade do saber da experiência. De outro lado, está a mudança na ideia de informação, que, de associada ao mundo da notícia, passou a inserir-se no mundo da experimentação e do fluxo digital. Pois a informação se converteu em um novo paradigma de organização da sociedade a partir de seus três novos modos de existência: incorporada aos produtos em sua composição material, ou de sua "forma", em sua transformação genética; incorporada aos processos de produção que organizam os fluxos informacionais de invenção, programação e avaliação, na circulação das mercadorias e da função do marketing; convertida ela mesma em produto que se encontra na base da chamada "economia informacional" – o mercado de bens digitais que vincula cada dia mais rapidamente a produção com a circulação de conhecimento e de cultura.

É esse mundo virtual da internet que reformula mais fortemente dentro da escola as separações radicais entre o que é ciência, o que é arte e o que é técnica. Pois hoje a *técnica é*

127

a interface entre a ciência e a arte. Nunca a experimentação científica esteve tão perto da artística e nunca a arte esteve tão perto da ciência. Faz muitos anos que Bachelard já propôs que a imaginação era uma só, compartilhada pelo poeta e o cientista, o físico e o músico, o bailarino e o engenheiro, porque é preciso muita imaginação tanto para formular a hipótese da Relatividade como para compor a Nona Sinfonia.

Não podemos continuar educando a partir do preconceito que faz com que nem a ciência nem a técnica façam parte do que a escola entende por cultura, reduzida às belas letras e belas artes. E assim ocorre na América Latina: temos muitos prêmios Nobel de Literatura, mas quantos de Física, Química ou pelo menos de Economia? E isso se deve em grande parte ao que nos ensinaram desde a escola: que os criativos são os poetas, os cientistas são outra coisa – disciplinados e rigorosos. E assim se forma o círculo de que só os cientistas têm a ver com a técnica, que, por sua vez, tem a ver com o mercado e o mercado com a competitividade. Os humanistas vivem dedicados a criticar o mercado como os tecnocratas a viver dele. E assim não funciona hoje nem a cabeça de nossos sujeitos aprendizes nem a sociedade real. Mas assim continua funcionando a escola.

E isso quando o que caracteriza a sociedade em que nos encontramos são tecnologias que se fazem de mediador, de *interface* entre trabalho e jogo, reformulando a fronteira entre consumo e trabalho. Hoje em dia, a tecnologia já não é pontual, ela nos atravessa de ponta a ponta tanto espacial como temporalmente. A começar que, para pôr uma criança no jardim de infância, devemos dar muitas informações que são arquivadas no computador, pois a instituição necessita saber se ela está doente, que problemas de saúde teve, quais são suas destrezas etc. Mas nesse momento estamos colocando uma preciosa informação familiar em uma tecnologia institucional, que, a partir de então, poderá passá-la a comerciantes e a banqueiros ou à polícia. A capacidade transformadora da tecnologia vai em muitos sentidos, tanto criativos como destrutivos, tanto emancipadores como escravizantes, porém a única certeza é que hoje não se sabe onde vai parar essa mutação na circulação do conhecimento e da informação. Se sabemos algo é que ela não pode ser deixada a esses poucos que se creem os donos do mundo, justamente porque ao dominar a tecnologia estão sequestrando suas diversas possibilidades e usos em seu próprio benefício e em função da dominação das maiorias.

A outra fonte de desorientação da escola na sociedade provém do racionalismo que identifica o sujeito humano com o *sujeito do conhecimento*, seguindo a fórmula de Descartes ao identificar o conhecimento com aquilo que dá "realidade e sentido" a toda a existência humana. Em tal sujeito a capacidade de refletir sobre seu próprio saber provém de um gesto de separação radical entre mente e corpo: o axioma "penso, logo existo" é a postulação de um eu autônomo em relação a todas as demais dimensões da vida e, em especial, as corporais, sejam elas paixões ou sentimentos, fobias ou afetos. O sujeito moderno do conhecimento é assim definido em um espaço de relações geométricas, mas sem profundidade de campo – similar ao "efeito de realidade" que produziu a pintura da perspectiva renascentista, assim a racionalidade do conhecimento propicia uma sensação de realidade mais forte que a própria realidade: Hegel não identificou o real com o racional e vice-versa? Na medida em que o que se vê é o real, o olho do observador desaparece e parece que não houve um ponto de vista nem um sujeito que olha. E o mundo do sujeito resulta então autoconstituído por sua própria capacidade de pensar, de usar a razão. Aí se encontra a base subterrânea sobre a qual a imensa maioria de nossos professores, desde o primário até a universidade, constrói a visão que têm de seus alunos enquanto sujeitos do aprender. E isso hoje, quando o sujeito real que habita nossas escolas primárias, secundárias e universitárias não tem nada que se assemelhe à pretendida estabilidade do sujeito cartesiano. A identidade do sujeito que habita nosso mundo ocidental – seja no Ocidente ou nos países em que o Ocidente tem imposto sua visão de mundo – é a de um indivíduo que sofre de uma constante instabilidade identitária e uma fragmentação da subjetividade cada dia maior. Até aqueles muito pouco pós-modernos, como Habermas, aceitam que em nossas sociedades, onde já não há uma instância central de regulação e autoexpressão – como foram a Igreja e o Estado –, tanto as identidades individuais como as coletivas encontram-se submetidas à oscilação do fluxo dos referentes e das interpretações, ajustando-se à imagem de uma rede frágil, quase sem centro nem estabilidade. Stuart Hall, o grande herdeiro da investigação cultural na Inglaterra, formula a necessidade de se assumir essa mudança estrutural que está fragmentando as paisagens culturais de classe, pois "o que é a identidade de classe quando a identidade de gênero, de etnia, de nação e região, que no passado haviam nos proporcionado sólidas localizações como indivíduos sociais, hoje em dia se veem transformadas na experiência que dela têm os indivíduos"? (2003: 67). Ou seja, estamos diante de um

CIDADE EDUCATIVA

sujeito cuja autoconsciência é enormemente problemática porque o mapa de referências de sua identidade já não é um só, os referentes de seus modos de pertencimento são múltiplos e, portanto, é um sujeito que se identifica a partir de diferentes âmbitos, com diferentes espaços, trabalhos, gostos, estilos de vida. Hoje nos deparamos com um sujeito muito mais frágil, mais quebrado e, entretanto, paradoxalmente muito mais obrigado a se assumir, a se responsabilizar por si mesmo, em um mundo onde as certezas tanto no plano do saber como no plano ético ou político são cada vez menores.

É com esse sujeito que a educação tem que lidar hoje: um adolescente cuja experiência da relação social passa cada dia mais por sua sensibilidade, seu corpo, já que é através deles que os jovens – que em sua maioria conversam muito pouco com os pais – estão dizendo muitas coisas aos adultos por meio de outros idiomas: os dos rituais de se vestir, tatuar e se enfeitar, ou de emagrecer conforme os modelos de corpo que lhes propõe a sociedade através da moda e da publicidade. Não são apenas as mulheres os milhões de adolescentes no mundo que sofrem gravíssimos transtornos orgânicos e psíquicos de anorexia e bulimia, presos no paradoxo assinalado de que enquanto a sociedade mais lhes exige que se responsabilizem por si mesmos, essa mesma sociedade não lhes oferece a mínima clareza sobre seu futuro laboral ou profissional e nem moral.

Enquanto o sujeito da aprendizagem emerge desse contexto fortemente corporal e emocional, a escola lhe exige deixar fora *o corpo de sua sensibilidade*, porque ele e suas emoções desestabilizam a autoridade dos professores. Daí que o mundo onde o sujeito jovem habita seja menos o da escola que aquele da

A COMUNICAÇÃO NA EDUCAÇÃO

turma, do gueto, da seita ou da droga. É daí que nos olham e escutam, nos amam e odeiam, nos desconcertam e assustam, os *sujeitos da educação*.

A ESCOLA INTERPELADA PELA CIDADE OU OS NOVOS MODOS DE *ESTAR JUNTOS*

Partamos de uma constatação decisiva. Como afirma Furio Colombo (1983: 47):

> Há um evidente desnível de vitalidade entre o território real e o proposto pelos meios de comunicação de massa. As possibilidades de desequilíbrio não derivam, entretanto, do excesso de vitalidade dos meios, mas antes provêm da débil, confusa e estancada relação entre os cidadãos com o território real.

É o desequilíbrio gerado por um tipo de cidade cada dia mais extensa e descentrada, em que o desenraizamento e o crescimento da exclusão são acompanhados por uma acelerada perda da memória urbana. São o rádio, a televisão e a rede de informática que acabam convertendo-se em um dispositivo de comunicação capaz de oferecer formas com que se contrapor ao isolamento e à incerteza dos indivíduos, possibilitando vínculos culturais para os diversos grupos em que se fragmenta a sociedade. Mas entre essa compensação à dissimulação culturalista dos problemas sociais e as tensões e virtualidades geradas no âmbito comunicacional há um longo caminho. Qualquer substituição das condições sociopolíticas pela mudança tecnológica encontra seu desmentido mais contundente no fosso instransponível que separa a leveza do mundo da informação – a virtualidade de seus circuitos e redes, de seus dispositivos de processamento e armazenamento, de sua interatividade e velocidades – da espessura e gravidade do mundo da incomunicação que representam/produzem as implacáveis e multiformes violências pelas quais certos atores – *lúmpen*, delinquentes, narcotraficantes – transbordam e desbaratam com suas guerras as barreiras levantadas por outros atores, que, em seu renovado esforço por continuar demarcando a cidade e marcando a exclusão, isolam-se para se proteger em conjuntos habitacionais ou financeiros fechados e armados com policiais, cachorros e circuitos eletrônicos de vigilância.

A disseminação/fragmentação da espessa cidade contemporânea torna mais densa a mediação da experiência tecnológica até tornar vicária a experiência do laço social (García Canclini, 1990, 1993). É nesse novo espaço comunicacional, já não mais tecido de encontros e multidões, mas de conexões, fluxos e redes, onde emergem novas "formas de estar juntos" e outros dispositivos de percepção mediados, num primeiro momento, pela televisão, depois, pelo computador e, logo, pela imbricação entre televisão e internet em uma acelerada aliança entre velocidades audiovisuais e informacionais. Atravessando e reconfigurando as relações com nosso corpo, a cidade virtual não mais requer corpos reunidos, mas interconectados. Enquanto o cinema catalisava a "experiência da multidão" na rua – era como multidão que os cidadãos exerciam seu direito à cidade – o que agora catalisa a televisão é, pelo contrário, a "experiência doméstica" e domesticada: é "de casa" que as pessoas exercem agora, cotidianamente, sua conexão com a cidade. Entre o povo que tomava a rua e o público que enchia as salas de cinema, a relação conservava o caráter coletivo da experiência; dos públicos de cinema às audiências de televisão, o deslocamento assinala uma profunda transformação: a pluralidade social submetida à lógica da desagregação faz da diferença uma mera estratégia de audiência. Impossível de ser representada na política, a fragmentação da cidadania fica a cargo do mercado.

Coloca-se em evidência a densa relação dos fluxos que o regime econômico da temporalidade estabelece – ao tornar aceleradamente obsoletos os produtos, as mercadorias – com o regime estrutural da televisão, tornando indistinguíveis, equivalentes e descartáveis todos os seus relatos e discursos. Tem toda a razão Beatriz Sarlo (1993: 57) quando afirma que sem o *zapping* a televisão estava incompleta. Pois a metáfora do zapear ilumina duplamente a cena social. É com pedaços, restos e descartes que boa parte da população monta os barracos que habita, tece as soluções para sobreviver e mistura os saberes com que enfrenta a opacidade urbana. Existe também um certo cruzamento efetivo que liga os modos de ver, pelos quais o telespectador explora e atravessa o palimpsesto dos gêneros e discursos, com os modos nômades de habitar a cidade.

O lugar em que essas mudanças fazem-se ostensivamente visíveis e radicalmente desconcertantes para o mundo escolar é o mundo dos mais jovens, cuja empatia com as linguagens audiovisuais e digitais é feita de uma forte cumplicidade expressiva, já que é em suas sonoridades, fragmentações e velocidades onde eles encontram seu ritmo e seu idioma. Idioma no qual a

CIDADE EDUCATIVA

oralidade que perdura nos países latino-americanos como experiência cultural primária das maiorias entra em cumplicidade com a oralidade secundária que tecem e organizam as gramáticas tecnoperceptivas da visualidade eletrônica. Uma visualidade "capaz de falar culturalmente – e não apenas de manipular tecnicamente –, de abrir novos espaços e tempos para uma nova era do sensível" (Renaud, 1989: 17). A densa significação social que isso tem na vida dos jovens foi pioneiramente analisada por Gil Calvo (1985), servindo-se dos três "modos de regulação da conduta" propostos por Ashby: os primários, que são os morais e rituais (mitologias, religiões, nacionalismos); os secundários, que são modais e mimético-exemplares (moda, opinião pública, comunicação massiva); e os terciários, que são numéricos e experimentais (ciência, técnica e dinheiro). Gil Calvo argumenta que entre os jovens são os reguladores secundários os que melhor subministram a informação necessária para articular as mudanças de interesses do dia a dia.

Significa que é a televisão, a publicidade, a moda, a música e os espetáculos – e não a moral tradicional, que é antes um obstáculo para a mudança, nem a razão tecnocientífica, que por seu custo elevado está ao alcance de uma pequena elite – os que acabam sendo para a imensa maioria a fonte de informação mais adequada para "saber quem é quem" na sociedade de mercado e na defesa de interesses, para inteirar-se sobre as mudanças de comportamento "a fazer nesta temporada", para saber como varia a conduta das pessoas "no tempo da mudança social". De maneira que a cultura audiovisual converte-se na única capaz de instruir a maioria "não sobre a natureza da mudança social, mas sobre os efeitos que essa mudança gera na condição de vida das pessoas" (Gil Calvo, 1985: 94).

A COMUNICAÇÃO NA EDUCAÇÃO

O que Gil Calvo afirma sobre o regulador terciário para o caso dos jovens, na figura do ensino secundário e universitário, mostra que, embora os estudos secundários e universitários possam ser determinantes, resultam, no entanto, claramente incapazes de inculcar a mentalidade científica e inclusive de subministrar uma informação tecnocientífica séria. Portanto, seus diplomas, a cada dia, valem menos na hora de conseguir um emprego. Com isso, se a escola ou a academia não servem aos jovens para se informarem sobre o futuro ocupacional, eles acabam ressignificando esse regulador terciário, transformando-o em secundário, ou seja, para servir de meio de informação sobre o repertório dos grupos de referência que, por suas conquistas, são os que devem imitar. E o mundo do ensino/aprendizagem se verá assim interiormente conectado com o mundo audiovisual e tecnológico no que hoje este tem ao mesmo tempo de coesionador juvenil e de divisor social, que não apenas reproduz como agrava as profundas diferenças entre os muito diversos modos sociais de relação com a tecnologia e com sua proclamada interatividade.

Os paradoxos que a "condição de jovem" carrega nessa situação foram assim sintetizados por Hopenhayn (2004: 17-21): estamos diante de uma juventude que goza de mais acesso à educação e à informação, mas de muito menos acesso ao emprego e ao poder; dotada de maior aptidão para a mudança produtiva, acaba, entretanto, a mais excluída desta; com um maior acesso ao consumo simbólico, mas com uma forte restrição ao consumo material; com um grande sentido de protagonismo e autodeterminação, enquanto a vida da maioria se desenrola na precariedade e na desmobilização; no fim, uma juventude mais objeto de políticas do que sujeitoator de mudanças. Esse acúmulo de tensões, formuladas de maneiras muito diversas, conduziu a pesquisa a mover seu centro para o fenômeno da *informalidade* (García Canclini, 2006: 10) – prestes a tornar-se estrutural pela totalidade de atividades que abarca na sociedade atual – em vidas e comportamentos especialmente marcados por esta dualidade: de um lado, a mais severa instabilidade laboral e, de outro, um consumo cultural – de música, cinema, roupas e entretenimento em geral –, realizado por vias ilegais, principalmente mediante o uso intensivo da pirataria, uma prática subjetiva e coletivamente legitimada como estratégia dos despossuídos para conectar-se e sobreviver como indivíduos e grupos. Gil Calvo (1985: 100) liga o fato de que "as marcas e sinais audiovisuais, como as marcas e sinais acadêmicos que traçam as instituições de ensino, marcam não apenas o posto que cada jovem ocupa na estrutura social, com o fato de que contribuem para perenizar a estrutura social desigual". Mas, em seguida, se assinala também a diferença entre esses dois tipos de reguladores: enquanto o campo do ensino não pode seguir o ritmo das mudanças na estrutura produtiva e ocupacional e, portanto, trava a mobilidade social, as marcas do mundo comunicativo audiovisual – muito mais próximo da evolução produtiva e ocupacional – permitem muito mais mobilidade social.

Torna-se especialmente significativo, tanto na investigação sociológica de Gil Calvo como na de vários antropólogos, outro traço sintomático compartilhado pelos jovens: o lugar estratégico que a música ocupa em suas vidas enquanto organizador social do tempo e conector geracional ou intergeracional por antonomásia, como evidencia sua luta por legitimar o acesso a, e o uso livre de, música na internet. Entre os jovens o que está dando forma ao amorfo tempo de ócio/sem trabalho é a música, pois "o desenvolve ritmicamente [...] permitindo fazer desenhos abstratos de temporalidade experimental" (Gil Calvo, 1985: 114-115). Torna-se bem esclarecedor que a antropóloga Amparo Larsen (2000) dê o título *A contratiempo* a um pioneiro livro que investiga as temporalidades juvenis, cuja primeira parte encontra-se dedicada por inteiro ao estudo do alcance e sentidos do ritmo nas modernas sociedades arrítmicas. Não será a música a interface que permite aos jovens conectar-se entre si e conectar-se a referentes culturais, domínios de práticas e saberes que para os adultos resultam tão heterogêneos e impossíveis de juntar?

Daí que os jovens se movam entre a rejeição à sociedade e seu refúgio na fusão tribal. Milhões de jovens ao redor do mundo se reúnem sem falar, só para compartilhar a música, para estar juntos através da comunicação corporal que ela gera. Esta palavrinha que hoje denomina uma droga, o êxtase [*ecstasy*], converteu-se no símbolo e metáfora de uma situação extática, isto é, de estar fora de si, fora do eu que a sociedade lhe designa, e que os jovens se negam a assumir. Não porque sejam desviantes sociais, mas porque sentem que a sociedade não tem direito de pedir-lhes a estabilidade que hoje não lhes confere nenhuma das grandes instituições socializadoras. A política e o trabalho, a escola e a família, atravessam a mais profunda e longa das crises... de identidade. Mas essa trama de interações entre sujeitos, das mediações tecnológicas, potencializa entre os adultos e os professores uma visão apocalíptica dos mais jovens: suas tendências ao ensimesmamento, o computador tornando-os

CIDADE EDUCATIVA

agrafóbicos, dominando-os como vício que os isola, os desvincula da realidade. Não que não haja algo de certo nesses temores, mas as pesquisas revelam outro panorama. Foi o que nos mostrou a investigação *Los usos jóvenes de internet* que durante um ano e meio fizemos em Guadalajara, México, na qual a tendência não foi marcada nem pelo vício, nem pelo isolamento, nem pela perda de sentido da realidade. As pessoas jovens que usam a internet regularmente continuam igualmente frequentando as ruas, desfrutando as festas de fim de semana e preferindo a companhia ao isolamento, inclusive para jogar na internet ou fazer as lições. Há um certo vício, mas esse não é nem o único nem o mais forte, e, desde já, não é dele que se morre, mas de outros bem distintos. Um exemplo, entre outros, da sociabilidade não perdida: garotos que têm computador em casa vão ao cibercafé fazer as lições porque é ali onde podem compartilhá-las com amigos, ao mesmo tempo que compartem as aventuras do jogo.

UM MAPA-PROJETO

Na origem de toda esta reflexão há uma metáfora: a de um jogo que permita à nossa deslocada e desconcertada escola (leia-se, sistema educativo) comunicar-se com sua cidade. Trata-se de uma pesquisa/ação, *Loteria urbana: un juego para pensar la ciudad* (2001), realizada por uma equipe de investigadoras mexicanas na cidade de Guadalajara, a qual acompanhei em sua última parte. É um jogo para compartilhar e desfrutar a cidade, e também para que a escola aprenda a jogar com a cidade, isto é, a sair de suas instalações bem demarcadas e

A COMUNICAÇÃO NA EDUCAÇÃO

asseguradas, e entre no enorme campo onde jogam os cidadãos a pé. Mas como colocar no jogo uma escola convertida em uma instituição tão séria e asceticamente trabalhadora? Uma escola cujas tarefas são todas muito disciplinadas e disciplinariamente racionais, e tão cartesianamente nítidas que permitem distinguir com clareza os espaços de quem sabe e de quem aprende, de quem manda e de quem obedece, assim como quem é que avalia o aprendiz, quando e como. Pois isso é tudo o contrário do que ocorre no jogo: se você joga com alguém – sem trapaças, claro –, os dois "jogam" com as mesmas cartas, no mesmo terreno, com as mesmas regras e condições. O que implica reciprocidade, isto é, qualquer um pode ganhar ou perder. E assim, no jogo com a cidade, não é a escola quem avalia e julga "os resultados", pois a verdadeira avaliação é feita pelo público, o coletivo, ou seja, a sociedade. Não seria estranho que essa proposta desconcertasse as diretrizes escolares e as autoridades políticas: são muitos riscos para quem está acostumado a não fazer nada sem planejar e controlar tudo e assegurando-se de antemão quem deve ser o ganhador final! Entretanto, não há outra: ou a escola sai de seu campo estreito e se arrisca no labirinto urbano, ou vai ser impossível que se comunique com sua cidade.

Minha reflexão baseia-se também em outra pesquisa (2009), coordenada por mim e realizada em cinco países da América Latina, mais Espanha, estimulada pelo CERLALC (Centro Regional para el Fomento del Libro en América Latina y el Caribe) e a AECID (Agencia Española de Cooperación Internacional para el Desarrollo), que teve por objetivo apoiar experiências de lectoescrita que ultrapassem tanto a concepção instrumental que delas faz a escola, como

140

CIDADE EDUCATIVA

a consumista que promove o mercado, isto é, aquela que insere suas práticas em processos de desenvolvimento social, participação cidadã e inovação cultural.

É a comunicação da educação com sua cidade-ambiente que está nos exigindo pensar a fundo o novo estatuto da mutação sociotécnica, que hoje desafia o sistema educativo ao abalar não poucas hierarquias e fronteiras na sociedade. Perguntamo-nos, então, como a educação poderia assumir os novos desafios senão deixando-se interpelar, questionar e refundar por processos em que aquilo que fala e desafia a escola não são os aparatos da técnica, mas as incertezas do nascimento de outros modos de estar juntos, de outra sociabilidade e outra sensibilidade. Pois assim como os intensos processos de migração e mobilidade populacional – ao tornar-nos próximos e cotidianos ao outro, ao estrangeiro/ intruso – mancham e abalam sua identidade, sua cidadania, sua autenticidade cultural, também os movimentos que encarnam os fluxos virtuais e as redes digitais desordenam e recolocam as figuras da educação ao imbricar cada dia mais fortemente o palimpsesto de memórias cidadãs no hipertexto das escrituras urbanas. Pois assim como não há cidadania sem alguma forma de exercício da palavra, na sociedade em que vivemos esse exercício e essa palavra transbordam hoje, por todos os lados, o livro, projetando-se em oralidades e sonoridades, em literalidades e visualidades, a partir das quais, não apenas, mas especialmente, os mais jovens escrevem e compõem seus relatos, quer dizer, contam suas histórias.

Há um mapa-projeto que subjaz à nova cidade educativa e cujas chaves se encontram em converter a EDUCAÇÃO em espaço estratégico de cruzamento e interação entre as diversas linguagens, culturas e escrituras que povoam a rua e a casa, o mundo do trabalho e da política, pois só então a escola poderá ser o lugar de abertura (e reconhecimento de) ao outro e aos outros.

O sentido desse mapa-projeto aponta para a inserção de políticas e projetos educativos em um horizonte culturalmente interativo, isto é, intercultural e politicamente mais amplo:

- proporcionar, tanto às crianças e aos jovens como aos adultos, novos espaços de aprendizagem e exercício da interação social, mediante a potencialização do que hoje as muitas diversas modalidades de leitura e escrita têm de expressão criativa dos sujeitos e de conversação entre cidadãos.
- pôr para interagir as culturas diversas que hoje habitamos e que, por terem sido deixadas de fora pela hegemonia letrada, a escola continua menosprezando e condenando: culturas orais e sonoras, musicais, audiovisuais e as agora digitais; e isso tanto em sua projeção escolar como laboral, tanto em seu desfrute lúdico como de ação cidadã e de participação política.
- tornar explícitas as dimensões sociais dos processos culturais enquanto dinâmicas de inclusão e de participação, de potencialização do capital social das comunidades e de aprofundamento das capacidades de troca entre elas.

Tudo isso implica:

- A superação de dispositivos camuflados de exclusão social que ainda existem nas práticas presentes na escola.

Vislumbrando há 50 anos a esquizofrenia sofrida pela educação formal, Paulo Freire inseriu sua "alfabetização de adultos" em uma proposta radicalmente libertária e inovadora: aquela em que se aprende a ler para escrever/contar a própria história, pois só então a vida dos excluídos passará a contar, quer dizer, a ser levada em conta por aqueles que governam e dominam.

- Que o processo de aprendizagem escolar não pode se desligar do exercício da cidadania, que é tudo o contrário do "exercício escolar", pois, em uma sociedade cada dia mais moldada pela informação e seus ambientes de redes virtuais com suas novas habilidades cognitivas e comunicativas, o direito à palavra e à escuta públicas passa inevitavelmente hoje pelas transformações tecnoculturais da comunicação que estão possibilitando aos indivíduos e às coletividades majoritárias inserir suas culturas cotidianas orais, visuais e sonoras nas novas linguagens e nas novas escrituras, proporcionando às maiorias uma mudança cheia de contradições, mas não por isso menos configuradora de "aquela segunda oportunidade sobre a terra" invocada por García Márquez como direito dos povos. Pois ao deslocalizar os saberes e abalar as velhas, mas ainda prepotentes, hierarquias, o palimpsesto das múltiplas memórias culturais de pessoas comuns pode de forma libertária empoderar-se do hipertexto em que se entrecruzam e interagem leitura e escritura, saberes e fazeres, artes e ciências, paixão estética e ação cidadã.

- Que as sucessivas reformas do sistema educativo deem lugar à sua verdadeira transformação, que retire tudo o

A COMUNICAÇÃO NA EDUCAÇÃO

que nele permanece de social e culturalmente excludente possibilitando tanto aos indivíduos como às coletividades apropriar-se, a partir de suas culturas cotidianas, dos novos alfabetos e saberes.

É justamente para isso que apontam, ao mesmo tempo, a velha sabedoria popular que *Juan de Mairena* coloca na boca de um camponês andaluz – "tudo o que nós sabemos, o sabemos entre todos" – e a "inteligência coletiva" (Lévy, 1990, 1997) que emerge dos modos colaborativos de produzir conhecimento incentivados pelas redes digitais, e cuja chave está no diálogo de saberes até agora ferreamente separados, isto é, nos saberes compartilhados apesar das exclusões que tanto o mercado como as hierarquias acadêmicas continuam alimentando. A própria Unesco, normalmente tão pouco ousada, criou o programa *Vers les sociétés du savoir* (2005), explicitamente dedicado a pensar as novas experiências que, no campo do trabalho e da educação, são possibilitadas pela interatividade digital. Pois compartilhar saberes desestabiliza o moderno mundo raciocêntrico, abrindo a vida social a uma diversidade de hibridizações e mestiçagens que transbordam a hegemônica monopolização de "o saber". Como afirma Koïchiro Matsuura no prefácio desse texto-fórum,

> as sociedades emergentes (em desenvolvimento) sabem que para ser verdadeiramente humanas e viáveis devem ser *sociedades do saber compartilhado*, e o plural aqui significa que a diversidade precisa ser assumida desde uma ética que se encontrará fundada sobre saberes compartilhados.

CIDADE EDUCATIVA

Nessa perspectiva, as tecnologias digitais nos expõem que a verdadeira brecha não é a técnica, mas a "brecha cognitiva", essa que começa a se ver comprometida pela pluralização das *figuras de razão* (Chartron, 1996), revelando a cumplicidade mantida há mais de um século entre o monoteísmo racionalista do cientificismo – sua universalidade etnocêntrica – e o mercantilismo que a rentabiliza.

BIBLIOGRAFIA

Obras de Jesús Martín-Barbero sobre Comunicação e Educação

- Teoría/investigación/producción en la enseñanza de la comunicación. *Diálogos de la Comunicación*, n° 28, Lima, 1990.
- Nuevos modos de leer. *Revista de Crítica Cultural*, n° 7, Santiago de Chile, 1993.
- *Comunicación y diseño cultural*, Medellín, Universidade Bolivariana, 1995.
- Heredando el futuro. *Nómadas*, n° 5, Bogotá, 1996.
- Jóvenes: desorden cultural y palimpsestos de identidad. *Viviendo a toda* – Jóvenes, territorios culturales y novas sensibilidades. Bogotá: Siglo del Hombre Editores, 1998.
- Experiencia audiovisual y desorden cultural. *Cultura, medios y sociedad*. Bogotá: CES/Universidad Nacional, 1999.
- Retos culturales de la comunicación a la educación. *Gaceta*, n° 44/45, Bogotá, Mincultura, 1999.
- Ensanchando territorios en Comunicación/educación. In: C.E. Valderrama (edit.). *Comunicación-Educación*: coordenadas, abordajes, travesias. Bogotá: Diuc/Siglo del Hombre, 2000.

A COMUNICAÇÃO NA EDUCAÇÃO

Introdução

ARENDT, H. *Culture et education.* Paris: Gallimard, 1965.

CASTELLS, M. *La era de la información.* Madrid: Alianza, 1998, v. 1.

FORD, A. La construcción discursiva de los problemas globales. *Revista Iberoamericana.* Pittsburgh, v. LXVII, n. 197, 1999.

_____. La marca de la bestia. Identificación, desigualdades e infoentretenimiento. *Norma.* Buenos Aires, 2001.

HOPENHAYN, M.; OTTONE, E. *El gran eslabón.* Educación y desarrollo en el umbral del siglo XXI. Buenos Aires: F.C.E., 2000.

SAVATER, F. Opinión. *El país,* Madrid, 5 abr. 2001.

SERRES, M. *Hominescence.* Paris: Le Pommier, 2001.

SLOTERDIJK, P. *Normas para el parque humano.* Madrid: Taurus, 2001.

TEDESCO, J. C. *Educar en la sociedad del conocimiento.* Buenos Aires: F.C.E., 2000.

Alfabetizar em comunicação

AUSTIN, J. L. *Quand dire c'est faire.* Paris: Du Deuil, 1970.

BENVENISTE, E. La subjectivité dans le langage. *Problèmes de linguistique générale.* Paris: Gallimard, v. I, 1971.

_____. Le langage et l'experience humaine. *Problèmes de linguistique générale.* Paris: Gallimard, v. II, 1972.

BOURDIEU, P.; PASSERON, J. C. *La reproduction.* Paris: Minuit, 1970.

BUBER, M. *La vie en dialogue.* Paris: Aubier-Montagne, 1968.

CASSIRER, E. *Antropología filosófica.* México: FCE, 1965.

COHEN, M. *Matériaux pour une sociologie du langage.* Paris: Maspero, 1971.

FERRÉ, M. Ciencia y filosofía en América Latina. *Víspera,* Montevideo, n. 15, 1969.

FREIRE, P. *Pedagogía del oprimido.* Montevideo: Tierranueva, 1967.

_____. La educación como práctica de la libertad. Caracas: Nuevo Orden, 1970.

GALEANO, E. *Las venas abiertas de América Latina.* La Habana: Casa de las Américas, 1971.

GELINAS, S. Creación de una pedagogía popular. *Doc. Seul.* Bruselas, n. 18, 1971.

HEIDEGGER, M. *Carta sobre el humanismo.* Madrid: Taurus, 1959.

ILLICH, I. *Une société sans école.* Paris: Seuil, 1971.

LACAN, J. *Écrits I.* Paris: Seuil, 1966.

BIBLIOGRAFIA

LEVINAS, E. *Totalité et infini*. La Haye: Martinus Nijhoff, 1968.

LÉVI-STRAUSS, C. Introduction à l'oeuvre de M. Mauss. *Sociologie et anthropologie*. Madrid: Tecnos, 1970.

MEMMI, A. *Portrait du colonisé*. Paris: Buchel-Chastel, 1967.

MERLEAU-PONTY, M. *Phénoménologie de la perception*. Paris: Gallimard, 1945.

_____. *Signes*. Paris: Gallimard, 1960.

_____. *Le visible et l'invisible*. Paris: Gallimard, 1970.

ORTIGUES, E. *Le discours et le symbole*. Paris: Aubier-Montagne, 1962.

RESTREPO, J. D. Una educación para la sumisión. *Educación Hoy*, Bogotá, n. 3, 1970.

RICOEUR, P. *Finitude et culpabilité*. Paris: Aubier-Montagne, 1968.

_____. *Le conflit des interpretations*. Paris: Seuil, 1969.

_____. *De l'interprétation, essais sur Freud*. Paris: Seuil, 1972.

SALAZAR BONDY, A. *¿Existe una filosofía de nuestra América?* México: Siglo XXI, 1970.

SEARLE, J. R. *Les actes de langage*. Paris: Herman, 1972.

SILVA, G. El problema de la cultura en las sociedades dependientes: una hipótesis. *Doc. Seul*, Bruselas, n. 27, 1972.

VASSE, D. *Le temps du desir*. Paris: Seuil, 1968.

VERÓN, E. La semantización de la violencia política. *Lenguaje y comunicación social*. Buenos Aires: Nueva Visión, 1969.

WACHTEL, N. *La vision des vaincus*. Paris: Gallimard, 1972.

O livro e os meios: crítica da razão dualista

ADORNO, T. W.; HORKHEIMER, M. *Dialéctica del iluminismo*. Buenos Aires: Sur, 1971.

ALFARO, R. M. et al. *Los medios, nuevas plazas para la democracia*. Lima: Calandria, 1995.

ALFONZO, A. *Televisión de servicio público y televisión lucrativa en América Latina*. Caracas: Doc. Ministerio de la Cultura, 1990.

BELL, D. *Las contradicciones culturales del capitalismo*. Madrid: Alianza, 1987.

BHABHA, H. (ed.) *Nation and Narration*. London: Routledge, 1990.

BISBAL, M.; NICODEMO, P. (coord.). *Nuevas fronteras*: medios, comunicación y poder. Caracas: Univ. Central de Venezuela, 1996.

BRUNNER, J. J. Medios, modernidad, cultura. *TELOS,* Madrid, n. 19, 1989.

_____. *El nuevo pluralismo educacional en América Latina*. Santiago: Flacso, 1991.

149

A COMUNICAÇÃO NA EDUCAÇÃO

_____. *Conocimiento, sociedad y política*. Santiago: Flacso, 1993.

CASTELLS, M. *El desafío tecnológico*. Madrid: Alianza, 1986.

CAVIANO, F. Nuevas tecnologías, nuevas instituciones: la escuela en la encrucijada. *Nuevas tecnologías en la vida cultural*. Madrid: Fundesco, 1985.

CHARTIER, R. *Lectures et lectuers dans la France de l'Ancien Régime*. Paris: Seuil, 1987.

_____. *El orden de los libros*. Barcelona: Gedisa, 1992.

_____. *Las revoluciones de la cultura escrita*. Barcelona: Gedisa, 2000.

COLMENARES, G. *Las convenciones contra la cultura*. Bogotá: Tercer Mundo, 1987.

CUETO, J. et al. *Cultura y nuevas tecnologías*. Madrid: Procesos, 1986.

DAVENPORT, W. H. *Una sola cultura*. Barcelona: Gustavo Gili, 1979.

DEAS, M. *Del poder y la gramática. Y otros ensayos sobre historia, política y literatura colombianas*. Bogotá: Tercer Mundo, 1993.

ECHEVERRÍA, J. *Cosmopolítas domésticos*. Barcelona: Anagrama, 1995.

ECO, U. La multiplicación de los media. *Cultura y nuevas tecnologías*. Madrid: Procesos, 1986.

_____ et al. La revanche des libres. *Le nouvel observateur*, Paris, n. 406, 1991.

FACIOLINCE, H. A. La telenovela o el bienestar en la incultura, Bogotá, n. 9, 1996.

GARCÍA CANCLINI, N. (coord.) *Culturas en globalización*. Caracas: Nueva sociedad, 1996.

GINZBURG, C. et al. *Crisis de la razón*: nuevos modelos en la relación entre saber y actividad humana. México: Siglo XXI, 1983.

GONZALEZ REQUENA, J. *El espectáculo informativo*. Madrid: Akal, 1986.

GONZALEZ STEPHAN, B. et al. (comp.). *Esplendores y miserias del siglo XIX. Cultura y sociedad en América Latina*. Caracas: Monteavila, 1995.

JAUSS, H. R. *A literatura e o leitor*. Rio de Janeiro: Paz e Terra, 1979.

KEHL, M. R. Imaginar e pensar. *Rede imaginária: televisão e democracia*. São Paulo: Companhia das Letras, 1991.

KROHLING, M. M. (org.). *Comunicação e educação*: caminhos cruzados. São Paulo: Loyola, 1986.

LAFERLA, J. (comp.). *De la pantalla al arte transgénico*: cine, TV, video, multimedia, instalaciones. Buenos Aires: UBA – libros del Rojas, 2000.

LÉVY, P. *As tecnologias da inteligência*. São Paulo: Editora 34, 1993.

LITVAK, L. *Musa libertaria* – Arte, literatura y vida cultural del anarquismo español (1880-1913). Barcelona: Antoni Bosch, 1981.

LYOTARD, F. *La condición postmoderna* – Informe sobre el saber. Madrid: Cátedra, 1984.

MACHADO, A. *Máquina e imaginário*. São Paulo: Edusp, 1996.

_____. *Pré-cinemas e Pós-cinemas*. São Paulo: Papirus, 1999.

BIBLIOGRAFIA

MAFFESOLI, M. *El tiempo de las tribus*: el declive del individualismo en la sociedad de masas. Barcelona: Icaria, 1990.

MARTÍN-BARBERO, J. Identidade tecnológica e alteridade cultural. In: FADUL, Ana M. (org.). *Novas tecnologias de comunicação*. São Paulo: Summus, 1986.

_____. La televisión o el mal de ojo de los intelectuales. *Santafé*. Bogotá, n. 10, 1996.

MEAD, M. *Cultura y compromiso.*Buenos Aires: Granica, 1971.

MONSIVAIS, C. Notas sobre el Estado, la cultura nacional y las culturas populares. *Cuadernos políticos*, México, n. 30, 1981.

NEGROPONTE, N. *Ser digital.* Barcelona: Gedisa, 1999.

NORA, P. *Les lieux de memoire*. Paris: Gallimard, 1992.

OROZCO, G. *Televisión, audiencias y educación*. Buenos Aires: Norma, 2000.

ORTIZ, F. *Contrapunteo cubano del tabaco y el azúcar*. Barcelona: Ariel, 1973.

RAMA, A. La ciudad letrada. In: MORSE, R; HARDOY, J. E. (comps.). *Cultura urbana latinoamericana*. Buenos Aires: Clacso, 1985.

RAMOS, J. *Desencuentros de la modernidad en América Latina*. México: F.C.E. 1989.

RENAUD, A. *Videoculturas del fin de siglo*. Madrid: Cátedra, 1990.

REY, G. *Balsas y medusas*. Visibilidad comunicativa y narrativas políticas. Bogotá: Cerec/ Fundación social/Fescol, 1998.

RODRÍGUEZ ILLERA, J. L. *Comunicación y educación*. Barcelona: Paidos, 1988.

ROJAS, C. *Civilización y violencia*. Bogotá: Norma, 2001.

RONCAGLIOLO, R. La integración audiovisual en América Latina: Estados, empresas y productores independientes. In: *Culturas en globalización, América Latina – Europa-Estados Unidos*. Caracas: Nueva Sociedad, 1996.

ROTKER, S. (dir.). Siglo XIX: Fundación y fronteras de la ciudadania. *Revista Ibero-americana*. University of Pittsburgh, 1997.

SANTIAGO, S. Alfabetização, leitura e sociedade de massa. In: *Rede imaginária*. São Paulo: Companhia das Letras, 1991.

SARLO, B. Del plano a la esfera: libros e hipertextos. In: MARTÍN-BARBERO, J.; LOPEZ, F. (coords.). *Cultura, medios y sociedad.* Bogotá: CES, 1998.

SARTORI, G. *Homo videns*. Televisione e post-pensiero. Roma: Laterza, 1997.

SCHWARZ, R. Nacional por substracción. *Punto de vista*. Buenos Aires, n. 28, 1986.

VILCHES, L. *La migración digital.* Barcelona: Gedisa, 2001.

Reconfigurações comunicativas do saber e do narrar

ARGULLOL, R. et al. Hacia un nuevo renacimiento. *TELOS*, Madrid, n. 24, 1991.

BARLOZZETTI, G. (Ed.). *Il Palinsesto*: testo, apparati y géneri della televisione. Milano: Franco Angeli, 1986.

A COMUNICAÇÃO NA EDUCAÇÃO

BAUDRILLARD, J. *A la sombra de las mayorías silenciosas*. Barcelona: Kairos, 1978.

BAUMAN, Z. *Modernidade e ambivalência*. Rio de Janeiro: Jorge Zahar, 1995.

BECK, U. *La sociedad del risgo*. Barcelona: Paidos, 1998.

BERK, E.; DEVLIN, J. (ed.). *Hypertext/Hypermedia Handbook*. New York: Intertext Publications, 1991.

BOURDIEU, P.; PASSERON, J. C. *La reproduction*. Paris: Minuit, 1970.

BRUNNER, J. J. Medios, modernidad, cultura. *Telos*. Madrid, n. 19, 1989.

_____. Contribuye la investigación social à la toma de decisiones? *Revista Colombiana de educación*, n. 27. CIUP, 1993.

CALABRESE, O. *La era neobarroca*. Madrid: Cátedra, 1989.

CAMPOS, Y.; ORTIZ, I. (comp.). *La ciudad observada*: violencia, cultura y política. Bogotá: Tercer Mundo, 1998.

CATALÁ DOMENECH, J. M. (dir.). Imagen y conocimiento. *Análisi*, Barcelona, n. 27, 2001.

CHARTIER, R. *Lecteurs et lectures a l'âge de la textualité electronique*. Paris: Centre Pompidou, 2003.

CHARTRON, G. *Pour une nouvelle economie du savoir*. Paris: Presses Universitaires de Rennes, 1994.

DE SOUSA SANTOS, B. *Crítica da razão indolente*: contra o desperdício da experiência. São Paulo: Cortez, 2000.

DELANY, P.; LANDOW, G. (ed.). *Hypermedia and Literary Studies*. Cambridge: MIT, 1991.

ECHEVERRÍA, J. *Telépolis*. Barcelona: Destino, 1994.

FERRER, C. Taenia saginata o el veneno en la red. *Nueva Sociedad*, Caracas, n. 140, 1995.

FORD, A. Culturas orales, culturas electrónicas, culturas narrativas. *David y Goliath*. Buenos Aires, n. 58, 1991.

_____. *Navegaciones*: comunicación, cultura y crisis. Buenos Aires: Amorrortu, 1994.

FOUCAULT, M. *Les mots et les choses*. Paris: Gallimard, 1966.

FUENTES, R. *Educación y telemática*. Buenos Aires: Norma, 2000.

GIDDENS, A.; BECK, U.; LASH, S. *Modernização reflexiva*. São Paulo: Unesp, 1995.

GOSAIN, J. El vallenato ese pedazo de vida. *Rev. Semana*, Bogotá, 10/12, 1988.

GRUZINSKI, S. *La guerra de las imágenes*. De Cristóbal Colón a Blade Runner. México: F.C.E., 1994.

HABERMAS, J. *Historia y crítica de la opinión pública*. Barcelona: G. Gili, 1981.

LA FERLA, J. (comp.). *De la pantalla al arte transgénico*. Cine, TV, Video, multimedia, instalaciones. Buenos Aires: UBA-Libros del Rojas, 2000.

LANDOW, G. *Hipertexto*. Barcelona: Paidos, 1995.

LASCAUT, G. et al. *Voir, entendre*, U.G.E., Paris, 10/18, 1986.

LAUFER, R. *Texte, hypertexte, hypermedia*. Paris: PUF, 1995.

BIBLIOGRAFIA

LECHNER, N. La democratización en el contexto de una cultura postmoderna. *Cultura política y democratización*. Santiago: Flacso/ Clacso/ICI, 1987.

LENAIN, T. (coord.). *L'image*. Deleuze, Foucault, Lyotard. Paris: Vrin, 1997.

LEVIN, M. (ed.). *Modernity and hegemony of vision*. Berkeley: Univ. of California, 1993.

LÉVY, P. *L'intelligence colective*. Pour une antropologie du cyberespace. Paris: La Decouverte, 1994.

_____. *O que é o virtual?* São Paulo: Ed. 34, 1996.

LLERENA, R. *Memoria cultural en el vallenato*. Medellín: Universidad de Antioquia, 1985.

MAFFESOLI, M. *El tiempo de las tribus*: el declive del individualismo en la sociedad de masas. Barcelona: Icaria, 1990.

MANZINI, E. *Artefacts*. Vers une nouvelle écologie de l'environement artificiel. Paris: CGP, 1991.

MARINAS, J. M. La identidad contada. *Destinos del relato al fin del milenio*. Valencia: Archivos de la Filmoteca, 1995.

MARRAMAO, G. Palabra clave "metapolítica": más allá de los esquemas binarios. In: *Razón, ética y política*. Barcelona: Anthropos, 1989.

MARTÍN-BARBERO, J.; REY, G. Prácticas de comunicación en la cultura popular. In: SIMPSON, M. (coomp.). *Comunicación alternativa y cambio social en A.L.* México: UNAM, 1981.

_____. *Los ejercicios del ver*. Barcelona: Gedisa, 1999.

MEAD, M. *Cultura y compromisso*. Buenos Aires: Granica, 1971.

MEYROWITZ, J. *No sense of place*: the impact of Electronic Media on Social Behavior. New York: Oxford University Press, 1985.

MORIN, E. *Les sept savoir necessaires à l'education du futur*. Paris: Seuil, 1999.

_____. *L'intelligence de la complexité*. Paris: L'Harmattan, 2000.

OCHOA, A. M. El desplazamiento de los espacios de la autenticidad: una mirada desde la música. *Revista de Antropología*. Madrid, n.15-16, 1998.

_____. *El vallenato y sus formas de narrar la nación*. Bogotá, Proyecto de investigación/Instituto Colombiano de Antropología, 1998b.

PAGANO, C. Bombardeo de sones. *El Tiempo*. Bogotá: 12 Mayo 1994.

PRIGOGINE, I. *La fin des certitudes*. Paris: Odile Jacob,1993.

RENAUD, A. L'image: de l'économie informationnelle à la pensée visuelle. *Reseaux*. Paris, n. 74, 1995.

RIAÑO, P. *Prácticas culturales y culturas populares*. Bogotá: Cinep, 1986.

SANCHEZ BIOSCA, V. *La cultura de la fragmentación*. Valencia: Filmoteca, 1989.

_____. Postmodernidad y relato: el trayecto electrónico. *TELOS*. Madrid, n. 16, 1995.

SANSOT, P. *Les formes sensibles de la vie sociale*. Paris: P.U.F., 1986.

SARLO, B. "Zapping". *Escenas de la vida posmoderna*. Buenos Aires: Ariel, 1993.

SENNET, R. *El declive del hombre público.* Barcelona: Península, 1978.

SIMONE, R. *La tercera fase.* Formas de saber que estamos perdiendo. Madrid: Taurus, 2000.

SUNKEL, G. *La política en pantalla.* Santiago: Ilet, 1989.

VILA, P. Narrative Identities.The Employmant of the Mexican on the U.S.-Mexico Border. *The Sociological Quarterly.* Berkeley, California Press, v. 1, n. 38, 1997.

VILLA,V. *Polisinfonias.* Medellin: Caribe, 1993.

VIRILIO, P. *La máquina de visión.* Madrid: Cátedra, 1989.

_____. *Esthétique de la disparition.* Paris: Galilée, 1989b.

_____. *Videoculturas del fin de siglo.* Madrid: Cátedra, 1990.

Cidade educativa: de uma sociedade com sistema educativo a uma sociedade de saberes compartilhados

ARENDT, H. *La crise de la cultura.* Paris: Gallimard, 1968.

BOURDIEU, P.; PASSERON, J-C. *La reproduction.* Elements pour une theorie du systeme d'enseignement. Paris: Minuit, 1970.

CHARTRON, G. (coord.). *Pour une nouvelle economie du savoir.* Rennes: Presses Universitaires de Rennes, 1996.

COLOMBO, F. *Rabia y televisión.* Barcelona: Gustavo Gili, 1983.

FERRER, C. Taenia saginata o el veneno en la red. *Nueva Sociedad.* Caracas, n. 140, 1995, p. 155.

GARCÍA CANCLINI, N. Del espacio político a la teleparticipación. *Culturas híbridas.* México: Grijalbo, 1990.

_____. Culturas de la ciudad de México: símbolos colectivos y usos del espacio urbano. *El consumo cultural en México.* México: Conaculta, 1993, p. 49.

_____. *La modernidad en duda.* México: Encuesta Nacional de Lectura, 2006.

GIL CALVO, E. *Los depredadores audiovisuales.* Juventud y cultura de masas. Madrid: Tecnos, 1985.

HOPENHAYN, M. (coord.). *La juventud en Iberoamérica*: tendencias y urgencias. Santiago de Chile: CEPAL/OIJ, 2004, pp. 17-21.

LAHIRE, B. *L'invention de l'illetrisme.* Paris: La Decouverte, 1999.

LARSEN, A. *A contratiempo.* Un estudio sobre las temporalidades juveniles. Madrid: CIS, 2000.

LÉVY, P. *Les technologies de la intelligence.* Paris: La Decouverte, 1990.

_____. *L'intelligence colective.* Paris: La Decouverte, 1994.

_____. *Cyberculture.* Paris: Odile Jacob, 1997.

BIBLIOGRAFIA

MARTIN-BARBERO, J.; AMÉZQUITA, I.; MEDINA, D.; ARÉCHIGA, Y. *Cibernautas y cibercreadores*: usos adolescentes de Internet. Guadalajara: Departamento de Estudios Socioculturales, ITESO, 2003.

_____ (coord.). *Lectoescritura y desarrollo en la sociedad de la información*. Bogotá: CERLALC/AECID, 2009.

MEAD, M. *Cultura y compromiso*. Buenos Aires: Granica, 1971.

REGUILLO, R. (coord.). *Loteria Urbana*: un juego para pensar la ciudad. Guadalajara: ITESO, 2001.

RENAUD, A. *Videoculturas de fin de siglo*. Madrid: Cátedra, 1989.

SARLO, B. Zapping. *Escenas de la vida postmoderna*. Buenos Aires: Ariel, 1993.

STUART HALL. *Da diáspora. Identidades e mediações culturais*. Belo Horizonte: UFMG, 2003.

TEDESCO, J. C. *Educar en la sociedad del conocimiento*. Buenos Aires: F.C.E, 2000.

UNESCO. *Vers les sociétés du savoir*, 2005. Disponível em: <http://unesdoc.unesco.org/images/0014/001419/141907f.pdf>. Acesso em: 18 maio 2007.

O AUTOR

Jesús Martín-Barbero é doutor em Filosofia pela Université Catholique de Louvain (Bélgica) e em Antropologia e Semiótica pela École des Hautes Études en Sciences Sociales de Paris (França). Fundou o Departamento de Comunicação da Universidad del Valle, na Colômbia, e foi professor visitante de uma dezena de universidades em todo o mundo, incluindo a USP. Foi presidente da Asociación Latinoamericana de Investigadores de la Comunicación, membro do Comité consultivo de la Federación Latinoamericana de Facultades de Comunicación Social e do Comité científico da *Infoamérica* (revista acadêmica ibero-americana de comunicação associada à Unesco). Publicou diversos livros e artigos nas áreas de educação e comunicação. Sua obra tem influenciado pesquisadores do campo de comunicação em diversas partes do Brasil.

CURTA NOSSA PÁGINA NO

Participe de sorteios, promoções, concursos culturais
e fique sabendo de todas as nossas novidades.

www.editoracontexto.com.br/redes

HISTÓRIA • LÍNGUA PORTUGUESA • GEOGRAFIA • EDUCAÇÃO • MEIO AMBIENTE • JORNALISMO • INTERESSE GERAL
FORMAÇÃO DE PROFESSORES • SOCIOLOGIA • FUTEBOL • GUERRA - MILITARIA • ECONOMIA • TURISMO

Cadastre-se no site da Contexto
e fique por dentro dos nossos
lançamentos e eventos.
www.editoracontexto.com.br

Promovendo a Circulação do Saber